삶의 흐름이 춤추는 대로

삶의 흐름이 춤추는 대로

애쓰지 않고도
수월하게 삶이 풀리는
우연의 법칙

박시현 지음

책읽는귀족

일러두기

라이프플로(life flow), 플로위즘(flowism), 플로위스트(flowist) 등은
모두 저자가 만든 신조어이다.
이 말들은 '삶의 거대한 흐름에 자연스럽게 내맡기는 삶의 방식'을 총괄하는 개념이다.
저자는 흐름(flow)을 타면 삶에 몰입(flow)된다는 것을 발견했고,
이를 라이프플로라고 했다.
즉 삶의 흐름(life flow)이란, '흘러가는 상황에 애쓰지 않고 내맡기다.'

인생이 뜻대로 되지 않을 때
운명의 흐름에 내맡겨라!

비 핸즈가 준비한 삶의 흐름에 올라타는 방법은
내 운명을 도트 커넥션으로 들여다보는 것이다!

거대한
삶의 흐름에
주목하라!

"저는 삶의 목표가 없어요"라고 말하면 사람들은 깜짝 놀라서 쳐다본다. 그리고 "아무리 그래도 목표가 아예 없지는 않잖아요?"라고 되묻는다. 목표가 없는 것이 진짜 이상해 보이나 보다. 나는 '삶의 흐름에 내맡기기 실험'을 시작한 이후 목표가 없어졌다. 개인적인 소망은 물론 있다. 하지만 그것을 달라고 삶에게 요구하지 않는다. 말하지 않아도 삶은 내가 원하는 것을 알고, 적재적소에 준다는 걸 알기 때문이다. 내가 아무리 큰 그림을 그려도 우주의 그림에 비하면 언제나 작은 크기였다.

내가 한국투자증권에서 근무했을 때는 소위 '부자 동네'에서 일했다. 부산 해운대, 마린시티, 서울 청담동과 여의도 본사를 거쳤다. 말랑말랑했던 24살부터 30살까지의 나는 내게 보이는 것을 내 삶의 기준으로 삼기 시작했다. 그중 하나가 '서른 살에 아우디 타기'였다. 아우디는 하나의 상징이었다. 차가 아우디라면 집도, 수입도, 옷도, 자기관리도 아우디 이상이라는 뜻이니까. 성취만 바라보며 달려온 덕인지 26살 나이에 내 명의의 집과 차, 주식, 펀드 등 자산을 가질 수 있었다. 하지만 '더, 더, 더!'를 외치다가 돈에 매몰되고 만다. 결국 나이 서른, 과도한 부채 덕에 모든 재산을 다 잃고 수중에 1천만 원도 남지 않게 되었다.

어찌 보면 지난 몇 년의 세월은 '잃어버린 시간'이다. 하지만 삶의 끝에 서서 본다면 '많은 것을 얻은 시간'이기도 하다. 이러한 과정이 없었다면 행복의 결승점은 점점 밀려났을 것이다. "이놈아! 정신 차려라!"라는 삶의 메시지를 잘 읽은 덕에 나는 이제 풍요로운 삶을 누린다. 풍요를 '현금'으로만 생각하는 사람은 없을 거라 믿는다.

나는 현재 해운대도, 강남도 아닌 충북 진천에 살고 있다. 내 주민등록등본에 군, 면, 리가 찍힐 줄은 30년간 상상도 못할 일이다. 이는 내가 끌어당긴 것일까? 천만에! 내게 충청도는 너무나 낯선 고장이다. 전라도는 음식이 유명하니 가족 여행으로, 강원도는 관광지니 또 몇 번 방문한 적이 있다. 그런데 충청도라니? 충청도는 내 '라이프 플랜'에 단 0.00001%도 있던 적이 없었다.

생각으로 모든 것이 이루어진다면서? 물을 마시더라도 '물 마셔야지'라는 생각이 선행되어야 현실로 이루어지는 것이 아닌가. 생각도 않던 충청도는 내가 끌어당긴 것이 아니라 삶이 내게 준 것이다. 높고 크고 많은 것으로 꽉 차 있던 대도시를 떠나니, 비로소 삶의 방향이 보이기 시작했다. 나는 그동안 내 존재 가치를 '돈'으로만 생각했다. 연봉 5천만 원, 연봉 1억을 벌어야 인정을 받고 행복해지리라 믿었다.

집착에서 벗어나 삶의 흐름에 올라타라!

충청도에서의 생활은 그야말로 의식 확장 수업의 나날이다. 크고 높은 것이 없으니, 자연스레 비교 대상이 사라진다. 그야말로 문자 그대로 비로소 '내'가 보인다. 이것만으로도 충분한 풍요지만, 내가 준비가 되었다고 느꼈는지 삶은 내게 더 큰 풍요를 주었다. 바로 마이클 A.싱어의 『될 일은 된다』이다. 동생이 읽던 책을 우연히 본 것은 나의 삶을 완전히 바꾸어놓았다. 끌어당김의 법칙에 많은 의구심과 회의감을 가지고 있던 내게 하나의 길이 된 것이다. '내맡기기 실험'을 직접 해보기로 결심했고, 약 1여년을 온전히 내맡기며 살아 보았다. 내인생을 두고 실험해본 것이다. 그 결과, 각종 계획과 목표가 난무하던 대도시에서의 삶보다, 지난 1년 동안 이룬 것이 훨씬 많다. 개인적인 성취는 물론이고, 무엇보다 집착에서 자유로워졌다.

그럼 집착이란 무엇일까?

고등학교 2학년 겨울 방학 때 계룡산에 들어간 적이 있다. 엄마의 강력 추천으로 명상센터에 입소한 것이다. 남들은 고3을 대비하여 '겨울 방학 특훈'에 들어갈 때 나는 계룡산에 들어간 것이다. 한 달 동안 TV도, 인터넷도, 휴대폰도, 책도 없는 곳에서 지내야 했다. 운동을 하고 명상을 하는 나날이 이어졌다. 그때의 경험이 아직도 생각난다.

"내 몸이 둥실 떠올라서 점점 더 하늘로, 높이, 높이, 올라갑니다. 마침내 지구 성층권에 닿고 지구를 쑤욱 빠져나갑니다. 고요하고 적막

한 우주에서 지구를 내려다봅니다. 아무것도 들리지 않습니다. 이제 나를 사라지게 만듭니다. 내가 사라지면 무엇이 남나요?"

나는 많은 수련생들 중 1등으로 이 답을 알아냈다. 그러나 인생이 달라지지는 않았다. '머리'로 알았기 때문이다.

외부와 연결되는 모든 통로가 단절된 계룡산에서의 생활은 의외로 재밌었다. 문제는 먹고 싶은 게 날마다 생각난다는 것이었다. 밖에 나가면 먹어야 할 음식들을 날마다 채워나가기 시작했다. 떡볶이, 자장면, 돼지갈비, 치킨, 탕수육, 피자……. 그리고 드디어 한 달 후 세상으로 나왔다. 그런데 일상으로 돌아온 순간, 먹고 싶은 것들이 싹 사라진 것이다. 이때 일을 돌이켜보면 그런 것 같다. 집착, 소원, 욕망, 욕구 이런 것들은 지금 할 수 없고 이룰 수 없고 가질 수 없다는 것을 알기 때문에 생기는 것이 아닐까? 지금 내가 당장 그것을 먹을 수 있고, 할 수 있고, 느낄 수 있다면 그런 감정은 생기지 않을 것이다. 왜냐하면 마음만 먹으면 언제든지 할 수 있으니까 말이다.

무언가 이루어야 한다는 '강박'은 개인의 영역이다. 이 집착에서 벗어나 '삶의 흐름(Life flow)'에 올라타면 내 크기만큼의 세상에서 계획한 것보다, 더 많은 것을 얻을 수 있다. 내 크기의 세상에선 아무리 목표를 잡아도 '고작' 그 정도이다. 나는 작년만 해도 '1년에 책 한 권 출판하기'가 목표였다. 그런데 1년 새 벌써 두 번째 책을 쓰고 있다. 작년에 나는 '한 달에 50만 원만 벌면 충분해'라는 생각을 했다. 그 충격적인 결과는 이 책의 1장에 나온다.

어떤 이는 '연봉 1억을 벌기'라는 목표를 세운다. 하지만 아무리 생각해도 '어떻게' 연봉 1억을 달성할 수 있을지 가늠할 수가 없다. 결국 '음, 한 5천만 원이면 충분하겠지?'라고 스스로 목표를 낮춘다. 나의 한계를 나도 모르는 새 정의하고 있기 때문이다. 하지만 '자가발전'에서 벗어나 거대한 에너지에 모두 맡겨버리면 그림은 훨씬 커진다. 『평생 돈에 구애받지 않는 방법』의 저자는 '10만 부를 팔겠어'라는 목표를 정하고 그에 따른 노력을 했지만 결국 달성하지 못했다고 한다. 하지만 '흐름'에 맡기고 난 후 그의 책 누적 판매는 300만 권을 넘겼다고 말한다.

최선을 다하되, 내 손을 떠난 일은 삶에 맡겨라!

삶의 흐름 속에 선택하고, 선택 속에 삶의 흐름이 흐르는 삶은 불안, 초조, 두려움을 가라앉게 만든다. 우연의 의미를 알고, 과거-현재-미래는 수많은 점(dot)이 이어진다는 것을 깨닫고, 삶에게 온전히 맡기면 내가 상상한 그 이상을 준다는 것이 '우주 제1법칙'이다. 소원을 이루는 수많은 법칙은 제1법칙 뒤에 수반되는 '방법'이다. 최선을 다하되 내 손을 떠난 일은 삶에 맡기고, "감사합니다, 사랑합니다"라고 말하는 것이 우선되어야 할 과제이다. 이 비밀을 아는 사람들은 집착하지 않고, 흘려보낼 줄 알고, 조급해하지 않고, 현재의 의미를 찾고자 한다. 삶 전체를 아우르는 통찰력과 삶의 끝 지점에 서서 볼 수 있는 혜안을 키워나간다.

　나는 이 거대한 삶의 흐름을 '빅 핸즈(Big hands)'라고 부른다. 이는 종교도, 철학도 아니다. 모든 사람에게 존재하지만 알지 못하는 비밀일 뿐이다. 삶의 비밀은 영성이 발달한 자들만의 것이 아니다. 영성가도, 철학가도, 명상가도 아닌 평범한 나의 '내맡기기 실험'은 "아, 모두에게 가능한 일이구나!"를 깨닫게 한다. 이 책은 삶의 흐름에 내맡기는 순간 삶이 기적으로 변한 지난 여정의 기록이다. 수월한 삶, 애쓰지 않는 삶, 잘 풀리는 삶의 초입에 선 바로 나의 이야기다. 내 삶이 어디로 흘러가는지 지켜보는 재미와 기대, 설렘의 여정은 많은 독자들에게 용기와 위안을 주리라 믿는다.

2017년 6월
- 라이프 플로위스트(Life Flowist) 박시현

CONTENTS

우연의 법칙으로
삶의 흐름에
다가서다

생각이 물질을 창조한다.
상상하면 이루어진다.
끌어당기면 우주가 소원을 들어준다.

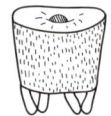

　우리가 흔히들 알고 있는 우주의 법칙이다. 나도 거대한 에너지를 좋아하는 한 사람이다. 나의 심상화는 중학교 때로 거슬러 올라간다. 20여 년 전, 뉴에이지 사상을 공부하던 엄마는 내게 말했다.

　"네가 바라는 것을 이미 이루어진 것처럼 상상하면 현실이 된대."

　당시엔 시크릿도, 양자 물리학도, 왓칭도, 호오포노포노도, R=VD도 지금처럼 세상에 널리 알려진 때가 아니었지만, 황당하기 그지없는 이 말을 나는 한 치의 의심 없이 받아들였다. 이때부터 '미래를 현재로 끌어당기는' 나의 삶이 시작되었다.

남들보다 일찍
우주의 비밀을 알았던 나는
그 혜택을 온전히 누렸을까?

　나는 원하는 학교에 진학하지 못했고, 부모님은 내가 고등학생 때 이혼을 했다. 또한 나는 그토록 꿈꾸던 항공사가 아닌 증권사에 입사를 했으며, 그때부터 인생의 항로는 상상하지 못할 방향으로 흘렀다. 부자는커녕 전 재산을 잃었고, 가슴에는 5cm 종양도 있다. 화려한 커리어우먼 생활을 할 줄 알았던 나는 충청도의 작은 카페에 앉아 이 글을 쓰고 있다. 우주의 혜택은커녕 우주의 심술로 보일 정도다. 우주의 법칙이 내겐 작용하지 않은 걸까? 내가 잘못 사용했던 걸까? 그것도 아니면, 내 소원 따윈 우주에게 중요하지 않았던 걸까?

　'끌어당김의 법칙'은 내가 원하는 것, 즉 WANT를 강력하게 소망하는 것을 전제로 한다. 끌어당김은 내가 원하는 것뿐 아니라 내가 두려워하는 어떤 것도 다 끌어당긴다고 한다. 이를 토대로 설명하자면 내게 일어난 많은 일들은 아마도 '내 무의식이 끌어당긴' 것일 게다. 나의 친할머니는 치매로 돌아가셨다. 그때 어른들은 말씀하셨다.

　"그렇게 치매를 두려워하시더니 결국 치매로 돌아가셨네."

　혹자는 말한다. 우주는 긍정, 부정을 구분하지 못하니 언제나 긍정문으로 소원을 말해야 한다고. '치매에 걸리지 않게 해주세요'라는 소원을 빌면, '치매에 걸리게 해주세요'라고 우주는 해석한단다. 갑자기

015

사고를 당하면 어떡하지, 돈을 다 잃으면 어떡하지, 라는 공포와 두려움이 정말로 현실로 나타난다고 생각하면 끔찍하다. 그래서 언제나 기분 좋은 상태를 유지해야 하고, 긍정적인 생각과 긍정 확언을 생활화하는 등 뿌리 깊숙한 잠재의식을 바꾸기 위해 노력해야 한다. 모든 것은 잠재의식이 결정할 테니까.

그런데 아무리 의식 확장 연습을 하고, 잠재의식 훈련을 한다고 해도 무의식의 속삭임을 우리는 듣는다.

'아니야, 너는 심상화를 하고 있잖아. 너는 사실은 부자가 아니잖아.'

열심히 끌어당김을 하던 우리는 또다시 두려움에 휩싸인다.

'이게 내 현실로 일어나면 어떡하지?'

나 역시 잠재의식의 힘을 강력하게 믿는다. 잠재의식에 따라 태도가 결정되고, 태도는 행동을 이끌어내며, 행동이 모여 인생을 만드니까 말이다. 언제나 "답이 없어"라고 말하는 한 사람을 상상해 보자. 구직을 할 때도, 연애를 할 때도, 갈등을 겪을 때도 기저에 깔린 잠재의식이 그 사람의 하루를 결정할 것이다. 언제나 "답은 있어"라고 말하는 사람이 보다 행복한 생활을 하는 것은 자명해 보인다.

아무리 그래도 계획에 없던 질병, 사고, 파산, 이혼까지 잠재의식이 끌어당긴다면 차라리 끌어당김의 법칙을 포기하는 게 나아 보인다. 소원을 비는 '올바른' 방법을 노력해야 할 정도로 우주는 똑똑하지 않은 걸까? 우주는 정말 멍청하고 불친절하기 그지 않는 에너지일까?

"태어나자마자 아픈 아이들이 있습니다. 그 갓난아이들도 모든 상황을 끌어당긴 건가요?"라는 질문에 끌어당김 연구가는 이렇게 대답한다.

"네, 저는 그렇다고 생각합니다."

그런데 아이들이 이런 무의식의 생성이 가능한 존재일까?

며칠 전, 7년을 함께하던 강아지가 만성 신부전증으로 무지개다리를 건넜다. 2주를 못 넘길 것 같다는 동물병원 소견과는 달리, 시부모님의 지극정성으로 두 달을 더 살다 갔다. 온 가족이 모여 장례를 치르는데 내 아들이 내심 걱정이 되었다. 아이가 생소한 장면을 보고 놀라거나 무서워할까 봐.

하지만 아이는 강아지를 가리키며 자는 시늉을 하는 등 해맑기 그지없었다. 아이들은 분위기로 모든 걸 안다고 한다. 귀로 듣고 눈으로 봐서 아는 것이 아니라 피부로 듣는다고 한다. 엄마, 아빠가 싸운 후의 분위기를 즉각 감지하는 '센서'를 부착하고 있는 셈이다. 이런 존재인데도 그 상황을 이해하지 못한다는 것은, 죽음이라는 개념조차 없다는 뜻이다. 이런 아이들이 부모를 잃고 불의의 사고를 당하고 불치병에 걸리는 그런 상황을 끌어당겼다고? 글쎄, 나는 동의하지 않는다.

내게 일어나는 모든 일은
내가 끌어당겨서가 아니라,
삶이 내게 준 것이다.

"어? 저는 끌어당김의 법칙으로 소원을 이루었는데요?"라는 사람
도 분명 있다. 나도 그렇게 생각하던 사람 중 하나였으니까. 하지만
그것 역시 '내'가 원해서 얻은 것이 아니라, 삶이 준 것이 시기적절하
게 맞아떨어졌을 뿐이라고 생각한다. 삶은 언제나 내게 '통째로' 준
다. 좋은 일만 쏙쏙 골라내서 주지 않는다. 언제나 좋은 일과 나쁜 일
은 유기적으로 순환한다. 삶의 입장에서 보면 '좋고 나쁜' 것이라는
이분법적인 기준이 없기 때문이다. 행복도, 슬픔도, 성취도, 상실도 우
주의 관점에서는 우리에게 필요한 일이다. 다음 단계로 도약하기 위
해서 말이다. 벼는 햇볕이 내리쬔다고 좋아하거나 비가 온다고 불평
하지 않는다.

내 과거는 목표가 난무하던 삶이었다. 지금도 노트 곳곳에서 나의
목표 리스트(List)가 발견된다. 그중엔 이룬 것도 있고 이루지 못한 것
도 있다. 그동안 나는 지워진 항목은 내가 노력했기 때문이고, 지워지
지 않은 항목은 노력하지 않아서였다고 생각했다.
이즈음에서, 우리 인생을 잠깐 되짚어볼까? 인생의 방향이 확 달라
졌던 포인트들이 몇 군데 있을 것이다. 회사가 부도났거나, 여행지서

배우자를 만났거나 하는 일들처럼.

인생의 빅 포인트(Big point)만 골라서 여백에 한 번 적어 보라. 서너 개면 충분하다.

☆1. ＿＿＿＿＿＿＿＿＿＿＿　　☆2. ＿＿＿＿＿＿＿＿＿＿＿

☆3. ＿＿＿＿＿＿＿＿＿＿＿　　☆4. ＿＿＿＿＿＿＿＿＿＿＿

이중에 내가 세운 프로세스대로 착착 진행된 경우는 얼마나 되는지 체크해 보라. 내 계획대로 된 일은 몇 가지나 될까? 혹시 '우연히, 예상치 못하게, 어쩌다 보니'로 설명되는 일이 더 많지 않은가? 큰 흐름을 보았을 때 적재적소에 '일어나야만 하는 일'이었다고 생각하지 않은가? 만화가 이현세 씨는 이렇게 말했다.

"인생은 10%의 최선과 90%의 우연으로 이루어진다."

앞으로 나는 1, 2장에 걸쳐서 '우연의 법칙'과 '도트 커넥션(dot-connection)'에 대해 자세한 이야기를 하겠다. 삶이 내게 준 선물(풀어 보고 나서도 한참 후에 선물이란 걸 알았지만)을 알고 나서부터 내 삶은 완전히 바뀌었다. 애쓰거나 무언가 이루기 위해 아등바등 살지 않게 된 것은 물론, 관조자의 자세로 삶을 대하기 시작했다.

Part 1

· · · · · ·

인생은 계획대로 되지 않는다

시크릿? 시끄럿!

　　2007년, 무슨 일이 있었던 것일까? 전 세계가 우주를 향해 주문하는 모습은 흡사, SF영화에나 나올 법한 장면이었다. 그야말로 'We are the world'였다. '간절히 바라면 이루어진다'는 우주의 법칙을 대중화시킨 시크릿 열풍이 그 시작이었다. 곧이어 지인들카카오톡 프로필에 'R=VD'라는 물리 법칙 같은 문구가 등장하기 시작했다.

　　그로부터 10년 후, 과연 우리는 소원을 이루었는가? 인생의 기적을 맛본 사람은 몇이나 될까? 시크릿은 꿈을 이루어주는 무료 급행열차였을까? 누가 우주의 '응답'을 받았는지 짐작은 할 수 있다. 자신이 원하는 것 - 부, 명성 - 을 얻은 주인공은 바로 그 책의 저자라는 것말이다.

우주의 법칙을 부정하는 건 아니다. 비꼬는 것도 아니다. 다만, 왜 많은 사람들이 10년 전이나 지금이나 비슷한 모습으로 살고 있느냐는 거다. 물론 나도 『시크릿』을 읽었고, 유튜브 동영상도 보았다.

"오케이, 알겠어! 어떻게 하는 건지 알겠어."

그리곤 매일 밤마다 생생하게 상상을 했다. 어느 날은 정말 이룬 것처럼 가슴이 벅차서 눈물을 흘리기도 했다. 하지만 가끔 두려웠다. '불순한 생각'이 함께 떠올랐기 때문이다. 부정적인 생각을 하면 그것까지 따라온다는 주장은 나를 두렵게 만들었다.

"나는 억대 연봉이야! 나는 풍족해! 나는 이미 여유로워!"

생생하게 상상하고, 시각화하고, 성공적으로 몰입하여 실제 감정까지 느꼈다. 그러나 내 잠재의식은 속삭였다.

'거짓말, 너는 억대 연봉이 아니잖아, 넌 돈으로부터 자유롭지 못하잖아. 그렇게 느끼려고 속이고 있는 거잖아.'

한 가지 문제가 또 있었다. '간절함'의 정도는 도대체 어디까지란 말인가. 무릎을 꿇고 엉엉 울면 되나? 아니면, 매순간, 생각날 때마다, 시도 때도 없이 시각화하면 간절하다고 보나? 이 간절함을 '체킹'하는 존재는 나인가, 우주인가.

우주의 선택을 받지 못한 사람들은 이렇게 되뇔 것이다.

'진짜로 이루어진 것처럼 믿지 못했어.'

'간절함이 부족했나 봐.'

'아니란 걸 아는 나 자신을 완벽하게 속이지 못한 탓이야.'

우주의 법칙 입장에선 다행히 빠져나갈 수 있는 출구가 있었다. 결국 우리가 제자리인 탓은, 개인의 '노오력' 문제인 것이다!

짝사랑하던
오빠를 향한 시크릿

나는 사실 시크릿 열풍 이전부터 이러한 우주의 법칙을 알고 있었다. 명상, 영성 등 정신세계에 관심이 많은 엄마 덕분이었다. 내가 중학생 즈음 엄마가 그러셨다.

"시현아, 원하는 것이 있으면 이미 이루어진 것처럼 생각하면 된대. 시제를 완료형으로 해서 말이야."

콧잔등으로 들었던 동생들과 달리, 나는 단번에 이것을 실천했다. 고등학교 때는 짝사랑하던 오빠를 떠올리며 부단히도 주문을 외웠다.

"나는 ○○ 오빠의 여자 친구다. 나는 이미 ○○ 오빠와 사귀고 있다."

그러고 보니 나는 초등학교 때부터 '소원을 이루는 마법'류에 유독 약했던 것 같다. 내가 어렸을 적엔 월간 만화잡지가 있었다. 아주 두꺼운 잡지였는데 언제나 맨 뒷장부터 열어봤다. 별자리 운세를 보기 위해서였다. 어느 달이었다. 별자리 운세보다 더 나를 사로잡는 꼭지를 발견했다. '짝사랑하는 이성과 이루어지는 법' 뭐 이런 제목이었던 것 같다. 그리고 이런 내용이 나온다.

'짝사랑하는 학생의 의자에 앉아서 다음과 같은 주문을 왼다……'

내 생애 최초의 샤머니즘이었다. 나는 그 페이지를 찢어서 주머니 속에 넣고 다녔다. 그리고 기회를 살폈다. 그러던 어느 날이었다. 텅 빈 교실, 친구가 잠깐 볼일 보러 간 사이, 내 가슴은 요동치기 시작했다. 가뜩이나 이성 문제에 호들갑인 초등학교 5학년인데, 내가 웬 남학생 의자에 앉아 있는 걸 들키기라도 한다면! 하지만 이 기회를 놓칠 순 없었다. 얼른 그 아이 의자에 앉아서 후다닥 주문을 외웠다. 그 남학생은 얼마 후, 다른 학교로 전학을 갔다. 몇 년이 지난 후, 중학생 때 '흑마술'의 결과를 알 수 있었다. 학원에서 몇 년 만에 초등학교 동창생을 만났는데 개가 나를 보더니 그런다.

"야, 그때 ○○가 전학가면서 나한테 그랬어. 시현이 잘 부탁한다고."

그 말을 들었을 땐 뜨악했다. 전학 간 그놈이 부탁하고 말고의 낌새도, 관계도 전혀 아니었을 뿐더러, 그런 청탁을 받았던 그 친구 또한 나를 '잘 부탁한' 행동이 일절 없었기 때문이다.

10대 때부터 나만의 의식으로 자리 잡았던 심상화였지만, 정작 시크릿 열풍 때는 태풍의 눈을 걷는 기분이었다. 주변에선 윙-윙- 바람이 몰아치고 번개가 번쩍이는데, 내가 있는 이 자리만 조용한 느낌. 이른바 '끌어당김의 법칙'이 생각만큼 잘되지 않는다는 것을 알았기 때문이다. 중학생 때부터 대학생 때까지 행한 습관이니 꽤 오랜 시간이다.

　당연히 모든 소원이 이루어지는 것이 아니었다. 이루어지는 소원도 있었지만, 내가 우주의 법칙을 활용해서 이루어졌다는 보장은 없었다. 원래 일어날 일이어서 일어났다는 생각이 점차 강하게 들었다. 이건 그냥 확률 게임이었다. 정말로 이것이 우주의 '법칙'일지라도, 내게는 작용하지 않는 에너지의 장 같았다. 세상이 우주를 끌어당길 때, 나는 생각했다. 정말로 그것이 가능하다면, 그것은 성자에게 해당하는 일일 거라고.

때로는 보이지 않는 것이 보이는 것보다 강하다

　　　　　현재까지 이어져오는 뉴기니 원주민들의 풍습이 있다. 제2차 세계대전이 한창일 때 남태평양에는 미군 비행장이 건설되었다. 화물을 가득 실은 비행기가 도착할 때마다 '하얀 사람'들은 각종 신기하고 쓸모 있는 물건들을 뉴기니 원주민들에게 건네주었다. 원주민들에게 그 광경은 마법이었다. 미군들이 직접 생산 활동을 하지 않는데도 비행기에선 각종 물품이 쏟아지니 말이다. 뉴기니 원주민들은 활주로 비슷한 것을 닦고 나무로 비행기를 만들었다. 가슴에는 U. S. A라고 쓰고 가장 중요한 의식인 성조기를 게양했다. 여태껏

해오던 다른 노동은 포기한 채 비행기가 오기만을 간절하게 기다렸다. 하지만 그들이 원하는 화물을 가득 실은 '메시아'는 결코 오지 않았다. 이와 같이 핵심을 잘못 이해하고 근본을 빠트린 채 무언가를 바라는 현상을 '카고 컬트' 또는 '화물 숭배'라고 부른다.

시크릿은 달콤했다. 그러나 우리는 이 사례처럼 놓치고 있는 게 분명히 있다. 처음에는 다들 '시크릿의 법칙'이 마치 말만 하면 소원을 이루어 주는 알라딘의 요술 램프처럼 생각했다. 원래 꿈을 이루고 목표를 달성하기 위해서는 노력, 끈기, 인내 등 달갑지 않은 부수적인 것들이 필요하다. 헌데 생각만 하면 이루어진다고 하니 얼마나 괜찮은 장사인가?

저투자 고효율, 가성비 갑! 하루하루 심상화를 열심히 하면 강남의 아파트와 고급 스포츠카, 연봉 1억이 어느 순간 나타난단다. 그것을 '어떻게' 이룰 것인지는 생각하지 마라고 하니 더더욱 반갑다. 간절히 바라기만 하면 우주가 온 힘을 다해 도와준단다. 황홀할 지경이다. 그저 침대에 누워 멋진 집을 가졌을 때의 가슴 벅찬 감정을 실제처럼 느끼기만 하면 된다. '시크릿'을 넘어 '매직'인 경지다.

그러나 정말로 간절하게 바라서 이루어진다면, 모두가 간절하게 염원했던 전 국민 소원은 왜 이루어지지 않았을까? 전 세계의 기아와 전쟁은, 그것을 원하지 않는 사람보다 원하는 사람이 많다는 뜻인가? '내가 원하는 모습이 된 것처럼' 생각하고 행동한다면, 그래서 정말로 무의식 영역에 침투하는 것에 성공한다면, 그것은 '리플리 증후군'과 어떤 차이가 있는 것일까? 간절함과 생생함이 주원료라면, 아이를 잃을 처지에 놓인 엄마들의 슬픔은 사라져야 하는 것 아닌가?

나는 '온 우주가 나를 도와준다'는 말을 참 좋아한다. 누군가에 의해 희화화되기 전까지는 많은 사람에게 위안과 용기가 되는 말이었다. 그런데 간절함에는 등급이 있는 것일까? 왜 소원에도 부익부 빈익빈 현상이 있단 말인가. 운이 좋은 사람과 좋지 않은 사람의 차이는 무엇인가.

시크릿이 세상에 드러난 이후, 양자 물리학, 잠재의식, 뇌 과학, 초과학 등 여러 분야에서 비약적인 성장이 이루어졌다. 덕분에 세상을 이루는 모든 것은 에너지이고, 생각이 현실을 창조해낸다는 주장은 이상한 편견으로 다가오지 않는다. 자연법칙처럼 우주에도 성공을 위한 법칙, 행복을 위한 법칙, 부를 위한 법칙, 등등처럼 어떠한 법칙이 존재하는 건 아닐까? 하는 인식이 확산되었다.

눈에 보이지 않는 영역이 그 어느 때보다 활발히 논의되고 있는 시대다. 많은 사람의 의식 수준이 높아진 것이다. 도서관만 가 보아도 알 수 있다. '부의 법칙', '행복의 법칙', '인생의 법칙' 등을 설명한 책들이 얼마나 많은가. 다만, '무거운 것이 가벼운 것보다 더 빨리 떨어진다'와 같이 당연하게 생각되어지는 자연법칙의 위상에는 한참 못 미친다. '보이지 않는 세계'이기 때문이다. 하지만 때로는 보이지 않는 것이 보이는 것보다 힘이 세다. 그리고 좋은 것이 더 많다. 사랑, 행복, 믿음, 신뢰, 용기 등이 그렇다.

과연 우주는 우리에게 어떠한 메시지를 주고 싶어 하고, 삶에는 어떠한 법칙이 작용하는 것일까? 테이블 위에 놓인 수많은 우주의 법칙의 핵심과 근본은 무엇일까? 이에 대한 이야기는 우리의 과거를 살펴보아야만 알 수 있다.

좌충우돌 20대, 나의 본성을 찾아서

"네? 28살에 결혼한다고요?"

"그래."

"그때까지 어떻게 기다려요? 더 빨리 하고 싶은데……."

"이혼하고 싶어?"

파란 천막 안, 자그마한 앉은뱅이 의자에 앉은 스무 살의 나는 입을 앙 다물었다. 그리고 곧이어 다음 질문을 던졌다.

"그럼 저 취업은 어떻게 될까요?"

"쇠랑 연관된 일 같은데?"

"쇠요? 전 승무원이 꿈이거든요, 그럼 비행기 탄다는 소린가?"

"네가 노력만 하면 될 거다."

사주 아저씨의 대답에 아주 만족하며 천막을 나왔다. 하늘의 간택을 받은 기분이었다. 너는 이미 승무원이니 걱정 말라는 확언 같았다.

불안하거나 답답할 때면 사람마다 기대는 대상이 있다. 종교, 친구, 부모, 책, 명상 등 다양하다. 20대의 나는 대개 점집을 찾았다. 학교 앞 길거리 점집이 첫 시작이었던 것 같다. '운세'라고 적혀 있던 나무 간판, 포장마차 같은 파란 천막 안으로 친구와 함께 입성한 그날이 '10년 점집 인생'의 시초가 아니었을까. 사주카페도 자주 애용했다. 유명하다는 점집도 찾아갔다. 재미가 들렸을 땐 신문광고에 나오는 070 ARS를 누르기까지 했다. 이 정도면 점집 집착증이었다. 내가 하는 질문은 똑같았다. 일, 결혼, 돈.

드디어 24살, 직장생활을 시작하면서 점집 방문이 뜸해졌다. 취업에 성공한 신입사원의 자존감은 천하무적이었다. 세상은 나를 사랑한다고 믿었다. 더 이상 불안하고 나약한 내가 아니었다. 내 운명은 내가 개척하는 거지! 암! 그렇게 몇 년은 조용하게 잘 살았다. 병이 도진 것은 27살 무렵이다. 병의 원인은 '불확실성의 재출현.' 해보고 싶은 다른 일이 생긴 것이다. 쇼 호스트였다. 또다시 경쟁 판에 뛰어들어야 한다는 뜻이었다. 마음을 다잡기 위한 나만의 의식으로 유명한 점집에 찾아갔다. 엉덩이를 붙이기도 전에 점쟁이가 소리쳤다.

"지금 준비하고 있는 것, 그냥 계속 해! 될 거야!"

입 한 번 달싹 안 했는데 날아 온 기습에 깜짝 놀랐다. 놀라움은 곧 무한믿음으로 변했다. 세상에, 고민을 말하기도 전, 아니, 인사도 하기 전이었는데! 이게 그 유명한 자리에 앉자마자 "남편 바람났어, 이년아!" 레벨인가? 히야, 감탄에 감탄을 하며 주위 친구들에게 이 진귀한 경험을 전파했다. 나의 안내에 따라 점집을 찾은 친구들도 과연 용하더라며, 자신의 고민 해결 스토리를 '간증'했다.

하지만 이후, 나는 승무원도 되지 않았고, 쇼 호스트도 되지 않았으며, 28살에 결혼하지도 않았다. 점쟁이들은 돌팔이였을까? 굳이 잘잘못을 따져야 한다면, 그 과실은 내게 있다. 점쟁이 말 하나만 믿고 '이미 된 것' 같은 기분에 빠져서 헤어나질 못했으니까 말이다.

"넌 왠지 뭔가 될 것 같아."

"뭘 해도 잘할 거야."

주변인의 지지는 세상을 살아가는 데 큰 힘이 된다. 하지만 칭찬의 부작용 또한 존재한다. 칭찬은 돈 같다. 그 자체는 아무런 성질이 없다. 그것을 다루는 이에 따라 방향이 달라질 뿐이다. '칭찬의 역습'은, 나의 실제 능력과 상관없이 스스로를 과도하게 믿는 순간부터 온다. 타인의 평가도 긍정적이니 정말로 '될 사람'이라는 착각에 갇혀버린다.

"나는 뭘 해도 먹고 살 사람이니까!"

이런 쓸데없는 우월감에 빠져 언젠가는 훌륭한 사람이 될 거라는 환상을 안고 살아간다. 호수에 비친 자기 모습을 사랑하며 그리워하다가 물에 빠져 죽어 수선화가 된 이가 있다. 그리스 신화의 나르키소스(Narcissos)이다. 나 자신에 대한 믿음, 주변의 기대, 인정, 운, 재능 모든 것이 어우러졌을 때 이를 잘 활용하는 이가 있다. 반면, 잡아 먹히는 이가 있다. 나는 후자였다. 나아가지 못한 채 점쟁이의 예지에 잡아 먹혔다. 또 다른 나르시시즘의 모습이다.

사주, 역학, 신점(神占), 타로 여러 방면으로 미래 예측을 접한 소감은, 듣는 이야기는 늘 비슷하다는 것이다. 점 좀 봤다는 지인들도 그런다. 좀 잘 본다 해서 찾아가봤더니 일전에 들었던 말이라는 거다. 생김새는 여잔데 남자 사주라느니, 태극기 있는 곳에서 일을 해야 한다느니, 결혼은 최대한 늦게 해야 한다느니 등. 타고난 인생의 큰 흐름이 있는 듯하다. 큰 흐름 안에서 일어나는 크고 작은 일들은 예측할 수 없지만, 타고난 본성은 분명 있다. 본성에 따른 삶은 애쓰지 않아도 자연스럽게 풀리는 삶일 것이다. 문제는 내 본성을 도대체 어떻게 아느냐는 말이다.

달라이 라마는 더 이상
삶에 의문이 없어졌을까?

과연 이 인생이 내가 원하는 인생일까, 내 길이 맞을까 답답하던 시절, 친구와 넋두리를 하다가 "으아, 그냥 누가 '당신은 이렇게 사세요'라고 정해줬으면 좋겠다!"라고 소리 친 적이 있다. 선택의 연속에다가 그 선택을 책임져야 하는 인생이 피곤했다. 불확실성이 너무 싫었다. 촛불언니, 청담선녀, 유도령을 끊임없이 찾아다닌 이유는 어쩌면 '인생 떠넘기기'였다. 남에게 묻고 확인하고 의지하고 책임을 떠넘기기도 하는 도피처였던 셈이다.

만약 '궁극적 존재'로부터 "네가 이 세상에 온 목적은 이것 때문이다"라는 메시지를 직접 받으면 그 길에 올인 할 수 있을까? 이 물음에 대한 답은 '린포체'라는 사람이 말해준다. 그의 본명은 '알리'다. 딱히 되고 싶었던 것이 없었던 그는 티베트 문학 교수가 되겠다는 막연한 꿈을 안고 전문대학에 입학한 상태였다. 딱히 소질이 없다는 것을 알았지만 그다지 되고 싶었던 것도 없었다. 우리 대부분은 이런 모습일 것이다. 이럴 때 누군가, 그것도 하느님, 부처님, 알라신 같은 궁극적 존재로부터 지침을 받으면 어떨까? 드디어 나를 괴롭히는 문제 - 나는 누구인가, 나는 무엇을 할 것인가, 어떻게 살 것인가 - 로부터 자유로워질 수 있지 않을까?

알리는 정말로 편지를 받았다. '달라이 라마'로부터. 편지 내용을 일일이 적지 않아도 내용이 대략 짐작이 갈 것이다. '너는 달라이 라마다'라는 메시지라는 것을. 알리는 린포체가 되어 결국 드레풍 사원으로 입문했다. 12년 동안 2,000년 전에 쓰인 고대 경전을 외웠다. 이 생활에 익숙해지기 위해 약 4년이 걸렸다고 한다. 달라이 라마의 편지를 직접 받은 그는 더 이상 삶에 의문이 없어졌을까?

린포체는 결국 자신의 운명을 거부했다. 절대적인 존재가 내게 '역할과 목적'을 딱 준다면 삶이 한결 편해지고, 적어도 소명에 대해서는 자유로워질 것 같은데, 그것도 아닌가 보다.

20대의 점(占)은 내게 미지의 영역에 대한 갈구였다. 또한 파괴였다. 반투명이라도 보였으면 좋겠다 싶어 목표를 세우고 계획을 꾸렸다. 목표와 계획이란 삶이 준비해 놓은 근사한 그것에 비하면, 허접때기였음을 나중에야 알게 되었지만.

'반궁극적 존재'에게 내 운명을 점치던 행위는 이제 끝났다. 작은 사찰의 스님을 만나고 난후 소강상태였다가 역학 공부를 하던 아는 언니가 내 사주를 봐준 후로는 완전히 끊었다. 나의 본성과 주파수가 맞는 길을 확인했기 때문이다. 스님은 "평생 공부를 해야 한다, 펜을 놓지 마라"고 했고, 아는 언니는 "어? 의원데? 말보다 글로 먹고 살 팔잔데?"라고 했다.

20대의 나는 나의 본성을 미처 파악도 하기 전에 길 위의 '스승'을 만나러 떠돌았다. 내가 원하는 것을 찾는 것이 아니라, "세상이 좋다고 하는 저것들이 내 것이 될 수 있을까요?"를 묻고 다녔다.

이제 외부의 자극이 현저히 적은 충북으로 내려오고 나니, 세상이 좋다고 하는 것들과 자연스레 멀어졌다. 갈 곳이라곤 도서관밖에 없었다. 책을 읽다 보니 '나'와 대화할 시간이 많아졌다.

'어쩌면 내가 원하는 것은 쇼핑이 아닌 것 같아, 우습게도 배움과 글은 아닐까?'

이런 의문이 들기 시작했다. 그동안 공부에 취미가 있던 편이 아니었다. 그런데 내 길이 공부라고? 아무리 그래도 이건 아닌 듯.

그런데 임신을 기점으로 배움에 대한 욕구가 갑자기 폭발하긴 했다. 그때부터 도서관 세 군데를 다니면서 책을 보고, 글도 쓰기 시작한 터였다. 마지막으로 본 사주에서 '글'이라는 단어를 듣자, 인생의 자물쇠가 딸칵! 하고 경쾌하게 맞물리는 느낌이었다. 평생을 두고 이루어야 할 일을 찾은 느낌이었다. 이건 궁극적인 존재가 알려준 것도, 고난과 시련 속에 찾은 소명도 아니었다. 흘러가는 대로 살다 보니 알게 된 일이었다.

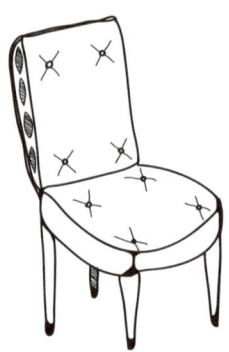

이 길이 아닌가벼?

　　나를 뽑아준 회사를 정말 사랑했다. 회사에서 만난 사람들도 사랑했다. 일도 재미있었고, 발령 받는 곳마다 분위기도 좋았다. 동기는 나보고 특이하다고까지 했다. 이렇게 회사를 좋아하는 사람은 처음 봤다며. 7년차 되던 해, 권태기가 찾아 왔다. 원하는 부서로 지원하여 슬럼프를 극복해 보라는 팀장님의 권유를 거부하고 사표를 썼다. 모두들 퇴사 후에 뭐할 거냐고 물었지만 답은 없었다. 아무런 준비도, 계획도 없이 나왔으니까. 어떻게든 되겠지, 하는 마음이었다.

　　백수가 되었는데 국가는 건강보험료를 더 내라고 했다. 대출 받던 은행에서도 돈 갚으라며 전화가 왔다. 그런 건 아무래도 좋았다. 남들 다 일 하는 날, 햇살 좋은 낮에 빈둥거려 보고 싶었으니까. 그렇게 나의 가장 넓고 탄탄했던 길은 끝났다.

길은 어떻게든 또 이어질 것임을 알았지만, 그 길이 세일즈일 줄은 꿈에도 몰랐다. 그것도 건강식품을 팔게 될 줄이야. 나의 적성은 전혀 고려되지 않았다. 돈만 많이 벌 수 있다면 좋았다. 자리가 사람을 만든다니까, 나를 끼워 맞추면 되는 거였다. 내가 판매권을 얻은 건강식품은 효소였는데, 몇 번 방송을 탄 제품이라 마케팅은 수월했다. 밤낮 없이 마케팅 통로에 매진한 덕에 첫 매출이 생각보다 빨리 나왔다. 같이 일해보자는 동료도 생겼다. 동료는 기획을, 나는 세일즈를 맡았다. 규모를 더 키우기 위해 마케팅만 전담하는 직원들도 뽑았다. 공동 목표를 정하고 일을 하니 매출은 나날이 높아져 갔다. 흐름을 탔는지 '던지면 척'이었다, '나는 영업은 못해'라고 한계의 벽을 쳤던 스스로의 정의가 무너지니 재미도, 자신감도 상당했다.

문제는 돈을 많이 벌수록 일어났다. 시간을 돈과 맞바꾼 기분이었다. 개인적인 시간이 전혀 없는 일과였다. 운영하는 블로그나 카페를 보고 전화로 문의하는 고객이 많아졌다. 새벽에 전화벨 소리에 깨서 늦은 밤까지 전화통을 붙들고 있어야 했다. 전화 한 통이 매출과 직결되니, 놓치는 전화가 있으면 큰일이었다. 전화가 내 주인이 된 느낌이었다.

이런 생활이 6개월 정도 지속되자, 밥 한번 마음 편하게 먹어보는 게 소원이 됐다. 성취감과는 별개로 '이건 아닌 것 같다'는 생각이 날이 갈수록 진해졌다. 이때 다시 읽은 『어린 왕자』는 나의 의구심에 불을 지피다 못해 내 영혼을 태워버렸다. 어린 왕자의 죽음이 이전과는 완전히 다르게 다가온 것이다. 어린 왕자가 자신의 별로 돌아간 것이 아니라, 어쩌면 자살했을지도 모른다는 생각이 들었다. 엄청난 슬픔이 몰려왔다. 소리 내어 엉엉 울어도 꽉 막힌 가슴은 뚫리지 않았다. 그때부터 허무주의자가 되었다.

'일하면 뭘 해, 어차피 죽을 텐데.'

'돈 벌면 뭐해, 어차피 죽을 텐데 다 무슨 의미가 있어.'

인생의 모든 것이 허상 같았다. "당장 죽어도 괜찮아. 미련 같은 건 없어"라는 말을 자주 하게 되었다. 도무지 왜 사는지 알 수가 없었다.

무의식은 우리에게 신호를 준다

전화로부터의 자유가 나날이 절실해지자, 결국 나는 사고를 치고 말았다. 종일 휴대폰 전원을 끈 채 잠수를 타버린 거다. 나 혼자 하는 사업이면 하루 매출을 날리든 말든 상관없다. 작지만 조직이 있다는 게 문제였다. 그날 저녁, 폭탄을 터트리는 심정으로 휴대폰을 켰다. '제발 전화 좀 받아라', '주문 전화가 나한테 오게끔 착신전환이라도 걸어 달라'는 읍소형 메시지로 시작해서, '피해 금액을 청구하겠다', '피해 보상 소송을 걸겠다'는 협박성 메시지로 끝이 났다.

　세일즈가 나의 의식 회로를 바꾸어 놓았다는 사실을 그때는 미처 몰랐다. 하루 매출에 따라 그날의 질이 결정되었다. 매출이 높으면 성공적인 하루였다. 매출이 낮으면 그날 저녁에 모여 회의를 했다. 원인을 분석하고, 나의 '멘트'를 점검했다. 모든 전화는 나도 모르는 새에 '얼마짜리'로 규정되었다. 고객 문의에 진심을 다했지만, 어쨌든 나는 팔아야 하는 사람이니까. 전화를 끊고 나서 "이번 건 286,000원" 이런 식으로 통화의 가치를 매겼다. 표면적으로는 퇴사 후 나의 길을 잘 가는 것처럼 보였다. 하지만 분명 내 무의식은 불편해했다. 어린 왕자의 죽음을 보고 내면이 반응한 것이 그 신호였다. 하지만 매출과 클로징 멘트(계약을 이끄는 마지막 멘트)가 하루의 전부였던 내가 그것을 읽어낼 여유가 있었을 리 없었다.

　결정적으로 세일즈를 그만둔 것은, 시간이 없어서도, 팔아야 하는 생활에 염증을 느껴서도 아니다. 투자를 받아서 사무실을 얻게 되었는데, 사무실 위치가 방배동이었다. 그동안 각자 집이나 필요에 따라 카페에 모여서 일을 하던 터였다. 사무실 오픈은 제대로 된 사업의 시작을 알리는 신호탄이었다.

　"우와, 명함에 서초구라고 찍히는 거예요?"라며 직원들은 즐거워했다. 그런데 함께 일하던 동료가 나에게 사무실 인테리어를 부탁했다. 말이 인테리어지, 텅 빈 공간에 인터넷, 전기를 깔고, 책상과 파티션, 사무기기 등을 배치하는 일이었다. "이 공간에 몇 개의 책상이 들어갈

지 계산해서 집기류 견적을 좀 내보라"는 동료 말에 막막했다. 안 그래도 공간 감각이 없는데, 아무리 눈짐작으로 '상상 평면도'를 그려봤자 감이 안 잡혔다. 실측 사이즈를 재보아도 까막눈이었다. 그때부터 스트레스가 시작되었다. 그냥 하던 일이나 잘하고 싶은데, 갑자기 '현장직'으로 전환되니 미칠 지경이었다.

그 시기, '유 강사'에게 5년 만에 연락이 왔다. 5년 전 부산에서 함께 강사 준비를 하던 친구였다. 말이 친구지, 두세 번의 만남이 끝인 '아는 이름'에 더 가까웠다. 경주에서 취업 캠프가 열리는데, 금융권 취업 준비생을 대상으로 모의 면접 컨설팅을 해달라는 의뢰였다. 그렇게 첫 시작을 한 나는 강의를 하는 횟수가 늘어났다.

강의를 하면 할수록, '아, 이게 내 길이었구나! 강사는 나의 천직이야!'라는 생각이 들었다. 이 길은 쭉 뻗은 넓고 아름다운 길이며, 샛길 같은 건 있을 리 없다고 생각했다. 지금 하고 있던 사업의 규모가 커지면서 조직을 갖추는 데에 부담감을 느끼고 있던 참이었다. 그냥 내 한 몸 건사하며 가볍게 살고 싶었다. 갈림길에서 나는 점점 넓어져가는 길 대신 혼자 걸을 수 있는 좁은 길을 택했다. 그 길을 나는 여전히 걷고 있다. 언제 저기 보이는 '작가'의 길로 완전히 들어설 수 있을지 곁눈질 하며 말이다. 결국 나는 또 다른 길을 갈망하고 있는 셈이다.

그렇다. 우리 뒤로 수 백, 수 천 갈래의 길만큼의 길이 또 이어져 있다. 한 길만 묵묵히 걸어가고 싶은데 자꾸만 샛길이 툭툭 튀어나온다. 뭔가 다른 길이 필요한 시점에 튀어나오면 '웰컴'이지만, 잘 가고 있는데 저-기 희미하게 보이는 갈림길은 혼란스럽게 만든다. 마침내 갈림길 앞에 섰을 때 우리는 많은 고민을 한다. 변화가 필요한 시점인가? 도전을 할 때인가? 전환점이 될 것인가?

어느 길을 가든, 가지 않은 길에 대한 미련이 남을 것임을 안다. 계산기도 두드려 보고, 안 들리는 마음의 소리에도 귀 기울여보고, 먼저 간 사람의 소식을 들어보며 천천히 걸음을 뗀다. 처음에는 강렬한 소명에 사로잡힌다.

'그래, 이건 기회야!'

하지만 생각보다 지치고 힘든 여정에 곧 후회를 한다.

'아, 그냥 그 길로 갈 걸.'

되돌아가기엔 너무 멀리 온 지점에 서서 양끝을 바라본다.

'이 길이 아닌가벼?'

자기 길을 찾아가는 시기는 따로 있는 것이 아니다

대개 20대에 모든 탐색을 끝내고, 30대에 일구어야 하며, 40대에 완성을 하고, 50대에는 그것을 누려야 한다고 한다. 그런데 현실은 80대에도 진짜 자기 길을 걸었다고 말하는 사람은 극히 드물다. 탐색에는 시기가 없는 것이다. 죽을 때까지 길은 이어져 있을 테니까.

30대 중반쯤 되면 어느 정도 자기 영역에서 커리어를 쌓은 시기다. 슬슬 팀장 직함을 달기도 한다. 이쯤 되면 손에 쥔 걸 놓기가 두려워진다. 이제야 꿀맛을 조금 알 것 같은데 꿀단지를 내려놓기가 쉽지 않다. 내 친구 이야기를 잠깐 해보자면, 20대부터 쇼핑몰을 했다. 부침이 심한 업계에서 10여 년을 했으니, 꽤나 성공한 CEO였다. 사업 중간에 그녀는 뜻하지 않은 세금 폭탄 때문에 한번 휘청거린 적이 있다. 다행히 정리는 잘되었지만, 그때 일이 자신의 삶의 방향을 되돌아본 계기가 되었나 보다.

그녀가 돌연, 쇼핑몰을 정리했다고 한다. 예전부터 하고 싶었던 디자인 공부를 시작했단다. 온종일 컴퓨터 학원에 앉아 있는데 그렇게 재미있고 행복할 수가 없단다. 돈을 벌던 입장에서 돈을 주는 입장이 되었지만, 수입이 없어서 남자친구에게 경제적으로 의존하지만, 경제적 구속 덕분에 '쭈구리'가 되었지만, 그래도 좋단다. 벌써부터 자그마한 의뢰가 조금씩 들어오는데, 중국에는 개인 브랜드 회사를 만드는 게 목표라고 한다. 친구의 밝은 목소리에 덩달아 에너지가 솟았다. 너의 길을 찾은 것을 축하한다고 말해줬다. 쇼핑몰 사업을 하지 않았다면 절대 몰랐을 자신의 길이다.

자기 길을 조금씩 찾아가는 시기는 따로 있는 것이 아니다. 수많은 길을 걸어보고, 넘어지고, 까이고, 쉬었다가 또 걸었던 자만이 새로운 길을 찾을 수 있다. 어쩌면 이 친구 역시 "이 길이 아닌가벼?" 하는 순간이 올지도 모른다. 그래도 괜찮다. 모든 길은 이어지니까.

몇 달 전, 세일즈를 함께하던 동료로부터 이메일이 왔다. 짧은 안부메일이었다. 그때 내가 일구어 놓은 효소 평균 매출이 월 1억 원으로 유지되고 있다는 소식도 함께 전해왔다. 이 이야기를 전해들은 내 친구는 자기가 더 흥분했다. 아까워죽겠다며, 네가 만든 걸 왜 다 주고 왔냐는 타박도 했다. "그때 너한테 줄 걸 그랬네"라고 말하니 친구는 가슴을 더 쳐댄다. 정작 나는 하나도 아깝지 않은데 말이다. 내 길이 아니었다. 사업에 소질이 많고 계열사를 늘리는 게 꿈이었던 동료의 길이었다.

나는 여전히 길을 찾고 있다. 조금 천천히, 느리게 가고 있다는 것은 달라졌지만 말이다. 꼭 한 가지 길로 갈 필요가 없다는 사실도 알았다. 이어지는 길을 내가 직접 만들어, 이 길 저 길을 왕래하면 된다. 아이 둘 낳고 경력 단절에 놓인 친구도, 이혼 후 단기 알바를 하며 해외여행을 다니는 동생도, 뒤늦게 배운 네일아트로 중국 진출까지 한 이웃도, 그리고 당신도 모두 알고 있을 것이다. 길 위에선 수많은 일이 일어나고, 길은 또 이어진다는 사실을.

인생은 원래
버거운 것일까?

　　어린이집 방학이 시작되었다. 2주 동안 나와 아이가 24시간 붙어 있어야 한다는 뜻이다. 하루 중 온전히 나의 시간이던 6시간이 뺏겼다. 칭얼대는 아이를 달래가며 밥 차리고, 설거지 하고, 빨래도 돌려야 한다. 징징거리는 수준이 짜증으로, 짜증이 악으로 발전하는 아이에게 결국 큰소리를 낸다. 아이가 한바탕 우는 사이, 처리해야 할 집안일을 얼른 해치운다. 안 먹겠다는 아이 어르고 달래 한 숟갈이라도 더 먹이려고 쫓아다닌다. 아이가 어질러 놓은 장난감을 치우고 흘린 음식을 닦는다. 하루 일과 속에서 몇 번이나 반복되는 장면이다.

　　마지막 남은 힘을 짜내 아이 양치를 하고 목욕을 시킨다. 로션을 바르고 깨끗한 내의로 갈아입힌다. 여전히 에너지가 방방 떠 있는 아이를 이불 속에 누이고, 책을 읽거나 일과를 이야기해 준다. 종알대는 아이 목소리가 점점 잦아들다가 이내 깊은 숨소리가 들려온다. 그제야 긴 한숨을 내쉰다. 한숨과 함께 온몸의 기운이 쑤욱 빠져나가는 기분이다. 무거워지는 몸을 느끼며 생각한다. 아, 버겁다.

남자들은 또 어떤가. 꼰대 같은 상사를 참아내지만 피가 머리로 쏠릴 때가 한두 번이 아니다. 혼자라면 때려치우든, 이직을 하든, 진즉에 결단을 내렸을 텐데 이젠 그럴 처지가 아니다. 뼈 빠지게 일을 하는데도 왜 이렇게 생활비는 매달 빠듯한지 모르겠다. 무언가 잘못되었다는 생각은 하지만 잠시 멈추어 설 시간이 없다. 점점 노쇠해지는 부모님 노후도 걱정이고, 곧 돌아올 자동차 보험도 챙겨야 한다. 선진국의 근무 환경이나 교육 환경을 볼 때면 확 떠나 버리고 싶지만, 방법이 없다. 퇴직 후도 준비하지 못한 채 퇴직을 향해 달려간다. 동료와 얼큰하게 취해서 불 꺼진 집으로 돌아올 때 생각한다. 아, 버겁다.

버거운 일상 속에서도 찬란한 순간은 있다. 아이의 장난기 가득한 웃음을 볼 때, 정겨운 친구들과 실없는 농담을 할 때, 혼자만의 고요한 시간을 가질 때, 다 같이 파하하! 웃음을 터트릴 때. 찬란한 순간은 방심할 때 찾아온다. 계획하지 않은, 그야말로 선물 같은 순간.

사람마다 고민을 안고 살아간다. 애정 문제 때문에 혼자일 때보다 더 외로운 사람도 있고, 가족에게 빌려준 돈 때문에 남보다 못한 사이가 되기도 한다. 갑자기 찾아온 병 때문에 온 집안이 비통해지기도 하고, 아이를 낳으면서 일을 그만두어야 하는 여성도 있다. 인생이 버겁다고 느끼는 순간은 대개, 예상치 못한 일이 벌어졌을 때다. 내가 감당할 수준이 아니거나 모든 계획이 어그러져 버릴 때면 나도 모르게 하늘을 원망한다. '모든 일은 다 지나간다'는 명언에 마음을 기대보기도 한다. 그래! 신은 감당할 만큼의 시련만 주신다잖아! 내겐 그럴 만한 힘이 있겠지! 훌훌 털고 일어났다가도, 다음 날이 되면 다시 답답하다.

'삶의 흐름'을 이해할 때
비로소 삶은 그 무게가 가벼워진다

　　　　　　같은 시련을 겪으면서도, 나락으로 떨어지는 사람이 있는가 하면, 그것을 디딤돌로 바꿔버리는 사람이 있다. 성공기나 자기계발서에 나오는 예화는 비슷한 플롯을 따른다. 평범하게 살았지만 순간의 실수로 나락으로 떨어진다. 암흑기를 보내다가 어떤 계기로 다시 일어난다. 이 악물고 달려 빛나는 성공을 이룬다. 굳이 책에 나오는 사례까지 가지 않더라도 주위에서도 이런 인물은 찾을 수 있다. 과거의 시련을 딛고 다시 세상에 나온 그 사람 말이다.

　암흑 속에 그대로 주저앉은 사람과 빠져나온 사람의 차이는 '의식의 흐름'이다. 전자의 의식은 과거로 흐르지만, 후자의 의식은 미래로 흐른다. 과거로 흐르는 의식은 '그 일만 아니었으면', '그 사람만 아니었으면' 외부 탓을 한다. 미래로 흐르는 의식은 '그래서 이제부터 나는 뭘 하면 되지?'라는 생각을 한다. 삶의 거대한 흐름은 계속하여 흘러간다. 그 흐름을 거슬러 가려 하면 당연히 힘이 들 수밖에 없다.

내가 막 서울에 올라온 2010년, 묵혀 두었던 장롱 면허를 꺼냈다. 차를 산 것이다. 서울의 도로는 상상 그 이상이었다. 출퇴근 시간만 막히는 부산의 도로와 달리, 서울은 하루 내내 차가 많았다. 무슨 교, 무슨 교, 하는 다리도 많고, 올림픽대로, 강변북로라는 도로도 헷갈렸다. 기가 막히게 차가 막히는 날, 강 건너편을 보며 대리님은 중얼거렸다.

"아, 강변북로로 갔으면 덜 막혔을 텐데."

내가 보기엔 같은 도로 같은데 말이다. 이런 도시에서 처음 운전을 하려니 겁부터 났다. 빠져나가는 도로는 얼마나 많은지, 네비게이션을 봐도 500m 앞이 여기인지, 저기인지 정신이 없었다. 초보 운전인 나에게 회사 사람들은 말했다.

"도로 흐름을 잘 보면 돼."

당시엔 이해하지 못한 말이 운전 8년차인 지금은 명확하게 무슨 말인지 안다. 끼어들기를 하더라도 앞차, 뒤차만 보는 것보다 도로 흐름을 보는 것이 훨씬 수월하다. 도로의 흐름을 타는 것은 리듬을 타는 것과 비슷하다. 모든 상황이 조화로워지며 매끄럽게 목적지를 향해 나아간다. 도로의 흐름을 무시하고 당장 내 눈 앞의 상황만 보면, 도로에 큰 혼선을 가져 온다. 시간이 지체될 뿐만 아니라 타인의 행로에도 피해를 주게 되는 것이다. 운전이 더 이상 즐겁고 유익한 것이 아니라, 버겁고 두려운 것이 된다.

천둥 번개가 치면 우리는 말한다.
"하필, 오늘!"

천둥 번개가 그치면 우리는 말한다.
"드디어, 오늘!"

나의 계획에 따라 '하필'과 '드디어'의 경계가 나뉜다. 자연법칙에서 천둥 번개는 반갑거나 반갑지 않은 손님이 아닌데 말이다. 목표 세우기는 재미있다. 1번, 2번, 써내려가며 이루고 싶은 목록을 채우는 것 말이다. 하지만 딱 거기까지다. 몇 달 후 그 목록을 보았을 때, 지우지 못한 리스트가 많을수록 마음이 무겁다. 인생을 제대로 살지 못하고 있는 의지 박약자일까, 자괴감이 든다. 계획하고 살자니 조급하고, 생각 없이 살자니 불안하다. 그럴 땐 힘을 빼고 흐름에 내 삶을 맡기는 것이 큰 도움이 된다.

삶은 나를 나락으로 떨어트리지 않을 것이고, 이 공백 또한 눈에 보이지 않는 흐름이 작용하고 있다는 믿음이 중요하다. 파도를 거스르거나, 거꾸로 헤엄치려 하지 않는 것처럼. 삶의 흐름을 이해할 때 비로소 삶의 버거움은 그 무게가 가벼워진다.

진짜 쓰기만 하면
이루어지는 걸까?

오래된 파일을 책장에서 꺼내는데, 엽서 한 장이 툭 떨어진다. 기억도 나지 않는 엽서 뒷면에는 낯익은 글씨로 이런 게 적혀 있다.

평생에 걸쳐 할 일들

- 에르메스 벌킨백
- 아우디 오너
- 센텀시티 입성
- 연봉 역대 스타 강사, 명강사
- 베스트셀러 작가

피식 웃음이 나왔다. 물질 일색의 버킷 리스트? 부산 최고의 부자 동네 '센텀시티'가 있는 걸 보니, 24살 전후에 적었나 보다. 독립하면서 해운대에 원룸을 얻었다. 센텀시티, 마린시티를 바라보며 아파트 시세 구경하는 게 취미였던 때다. 에르메스 벌킨백과 아우디도 그렇다. 그 당시 나에게는 성공의 상징이었다. 오죽하면 목표가 '서른 살에 아우디 타기'였을까.

약 10년 전 적었던 목표가 귀엽기도 하고 새삼스럽다. 아마도 당시 '하버드대학 목표 실험'에 자극을 받아서 나의 욕망을 분출했으리라. 하버드 경영대학원에서 시행한 흥미로운 설문 조사는 '목표'의 중요성을 설파한다. 재학 시절, 자신의 목표를 적은 3%의 학생과 그렇지 않은 97%의 학생을 추적 조사했다. 졸업 후 이들의 행적을 조사하니, 목표를 적은 3%의 학생은 나머지 학생들보다 월등한 경제적 성공을 이루었다는 내용이다. 이 실험은 '적으면 이루어진다'고 외치는 수많은 자기계발서의 교과서처럼 인용되었다.

그런데 당시의 내 기억과 다시 찾아 본 실험 내용에 차이가 있다는 점을 발견했다. 그저 목표를 적기만 한 것이 아니었다. 실행의 중요성을 설파한 연구였다.

'삶에 내맡기기 실험' 중인 지금, 여러 가지 목표를 세웠던 과거보다 내 삶은 훨씬 풍요롭다. 평생 염원이던 첫 번째 책 계약을 하여 작가로 출발했으며, 강사로서의 포트폴리오를 풍성하게 해줄 TV 출연도 했다. 경제 잡지 인터뷰도 예정되어 있다. 듣고 싶었던 교육도 들었고, 아파트도 분양 받았다. 목표도, 실행도 없지만 인생은 순조롭게 흘러가고 있다. 그런데 최근 충격을 받은 사건이 있다. 아이러니컬하게도 '이루어진 소원' 때문이었다.

지방 소도시에 사니 소비의 욕구가 많이 줄었다. 강의가 있는 날 말고는 도서관이나 집에만 틀어박혀 있으니 돈 쓸 일이 없다. 그러다 보니 소비에 대한 흥미가 사라졌다. 책을 읽고, 글을 쓰고, 내면을 탐구하는 생활이 더 가치 있게 느껴진 것이다. 프리랜서 강사는 자기 PR을 많이 해야 하는 직업이다. 강의 제안서를 돌리거나 에이전시에 파트너 강사로 등록하거나 블로그 운영 등 홍보 루트는 다양하다.

하지만 나는 한 번 출강했던 곳에 재출강하거나, 아는 사람을 통해 소개 받는 정도이다. 일 때문에 내 리듬이 자주 헝클어지는 것이 달갑지 않다. 한 달에 한두 번 일하는 것만으로 괜찮은 수입이 생기는 걸로 만족했다. 간간히 들어오는 강의 수입으로 여행도 가고, 가족 옷도 사고, 외식도 했다. 많이 벌지 않지만 부족하지도 않은 생활이었다. 마침내 수입에 대한 관념은 이렇게 자리 잡았다.

'월 50만 원만 벌어도 충분해.'

'의식의 크기'에 따라
삶은 바뀐다

올 초 들어 문득 '작년엔 강의로 얼마나 벌었을까?' 궁금증이 일었다. 꽤나 여유롭게 썼던 것 같은데 말이다. 기대에 찬 마음으로 은행 거래 내역을 정리해 보았다. 잠시 후, 나는 멍하니 작년 수입을 바라볼 수밖에 없었다. 1년에 600만 원을 번 것이다. 월 50만 원!

한번 짚고 넘어가자면, 2016년을 시작하면서 적었던 나의 목표는 다음과 같다(이때는 삶의 흐름에 내맡기기 전이다).

1. 하루 50만 원 버는 강사
2. 닛산 캐시카이 오너
3. 하반기 부모 교육 P. E. T. 수강

1번은 이루어졌다. 한 번 출강하면 하루 50만 원을 벌게 되었다.

2번은 형태를 달리하여 이루어졌다. 장거리 운전이 잦아 연비 좋은 SUV로 바꾸고 싶었다. 타고 다니던 경차도 좋았지만, 아무래도 아이가 있으니 고속도로를 달리는 것이 불안했다. 닛산 캐시카이는 아니지만 쉐보레 SUV가 우리 가족의 새 차가 되었다. 뒷좌석을 접으면 세 식구가 누워 잘 수도 있는 더 큰 차라, 캠핑을 자주 다닌다. 내가 바라던 차보다 더 유용한 차가 온 것이다.

3번 역시 이루어졌다. 부모 교육 강사 과정을 듣고자 했는데 수강료가 부담이 되었다. 그래서 2016년이 끝나기 전까지는 수강하자는 마음으로 '하반기 목표'로 적었다. 하지만 생각보다 빨리 이루어졌다. 4월 내 생일, 신랑이 생일 선물로 수강료를 투척한 것이다.

문제는 1번 목표였다. 하루 50만 원 벌지만 강의 횟수가 한 달에 한두 번이니 월수입도, 연수입도 아닌, 진짜 일수입으로 우주가 소원을 들어준 셈이다. '하루 50만 원, 한 달에 몇 번 이상 강의하기'라고 적었으면 상황이 또 달라졌을까?

이 충격적인 이야기를 강사 친구에게 하니, 친구가 웃음을 터트린다. 그러고는 사뭇 놀랍다는 어조로 말을 했다.

"진짜 그런 것 같아. 나도 월 200만 원만 벌면 되지, 읽고 싶은 책 사볼 수 있는 정도면 되지, 라고 생각했거든? 그랬더니 진짜 월 200만 원만 번 거야! 딱 책 사볼 수 있는 정도로만."

그때 나는 마음을 바꿔먹었다. 돈에 대한 관념을 다시 프로그래밍 하기로. 돈을 버는 이유가 무엇인가. 혼자 쟁여두려고 버는 것은 아니지 않는가. 좋아하는 사람들에게 밥 사주고, 술 사주고, 필요한 사람들에게 도움을 주는 등 나와 타인의 여유로운 삶을 위해 돈이 필요한 것 아닌가? 내면 탐구를 하는 것이 가치 있는 일이고, 돈을 많이 벌고 싶다고 생각하는 것이 속물이 아니라는 거다.

'강사는 배움과 관련 있는 일이야. 돈을 밝히면 안 돼.'
'평생 글을 쓰면서 살고 싶은 나로서는, 소박한 삶을 지향해야 해.'
'돈이 많으면 불행해진다고 했어.'
'돈과 행복은 상관이 없대, 나만의 행복을 찾아가야 해.'

이것이 내가 가진 잠재의식이었고 삶을 통해 발현된 것이다. 결국 나의 삶을 재단하는 것은 글도, 목표도, 실행도 아닌 '의식의 크기'였다.

소박한 삶, 심플한 삶, 단순한 삶을 여전히 지향한다. 하지만 이것이 뜻하는 게 가난한 삶은 아니다. 풍요롭지만 심플하고, 부자가 소박하게 살 수도 있는 것이다. 정신과 물질을 이분법적으로 나누지 않아도 된다는 것을 '월 50만 원' 사건을 통해 깨달았다.

요즘도 나는 돈에 대한 관념을 정화하고 있다. '돈을 많이 벌기'를 뜻하는 것이 아니다. 내가 누릴 수 있는 풍요에 대한 한계를 두지 않고, 내 깜냥에 따라 감사하게 받자는 의미로 확장되고 있다. 부(富), 행복, 사랑, 건강, 가족 등 소원이 어떤 영역이든 이루어지는 것은 나의 '생각 주머니' 크기 만큼이다. 500ml 물통에 1L의 물을 담을 수 없듯이 말이다. 다시 한 번 강조하지만 나의 삶을 재단하는 것은 글도, 목표도, 실행도 아닌 '의식의 크기'이다.

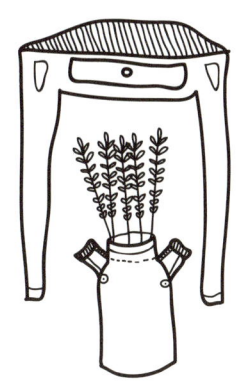

백지 위에
나의 도형들을 그리다

절친한 강사들과 워크숍을 떠났다. 3월에 입학한 대학 새내기를 위한 프로그램 기획을 맡아서다. 2,400여 명을 만나는 프로그램이라 밤새 회의와 토론이 이어졌다. 학교가 원하는 주제는 '학교 예절'이었다. 성공적인 대학생활을 위해 꼭 필요한 요소이다. 하지만 학교 예절이라는 좁은 틀보다, '마인드 세팅'이 먼저 필요하다는 의견이 모였다.

생각이 마음을 만들고, 마음은 태도를 만든다. 마음가짐만 제대로 되면 부수적인 것은 따라올 것이다. 이 학교를 원해서 온 학생도 있겠지만, 그렇지 않은 학생도 있다. 전자는 첫 시작을 기분 좋게 시작할 수 있지만, 후자의 경우 이야기가 달라진다. 이제 막 19살을 벗어난 아이들에게 '대학교'란 얼마나 큰 이슈인가. 학교에 따라 인생이 결정

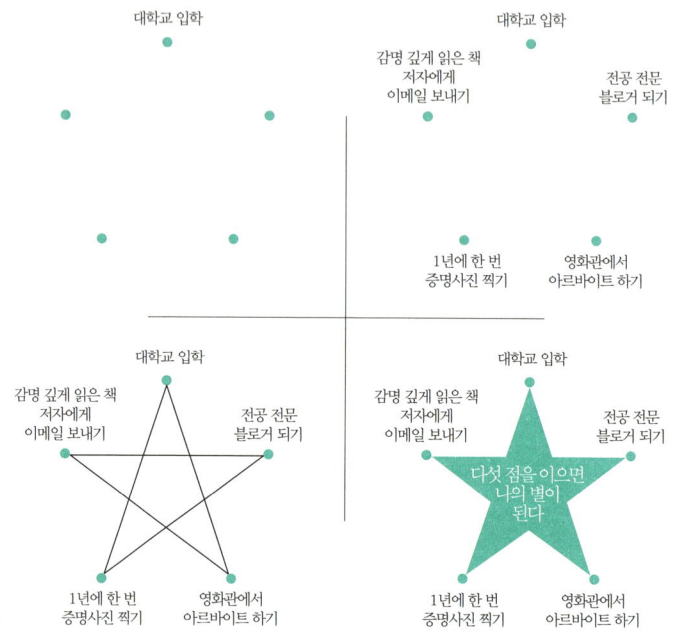

'나만의 별' 그리기

된다는 믿음을 가진 학생이라면, '입시 실패'라는 그늘은 클 것이다. 지나고 나면 20살에 대학교를 가든, 30살에 대학교를 가든 큰 의미가 없다는 것을 알겠지만 말이다. 이 아이들에게 어떠한 메시지를 주면 좋을까.

그 자리에서 평소 생각하던 '도트 커넥션(dot-connection)' 개념을 처음 꺼냈다. 하나의 경험을 '점'이라고 한다면, 이 점들이 모여 선이 되고, 선이 모여 면이 되며, 이것이 내 인생을 이룬다는 의미다. 대학교 입학도 인생의 한 점에 불과하며, 이 점이 나중에 어떤 점으로 이어질지는 아무도 모른다. 현재를 온전히 받아들이며, "나는 지금 점 하나를 찍고 있다"는 메시지를 주자는 의견을 냈다. '예상치 못한 변수'가 오히려 기회가 되었던 우리들 각자의 경험을 곁들이며 말이다.

한 강사가 아이디어를 발전시켰다. 점을 다섯 개 찍고, 그 점마다 내 인생의 이슈를 적는다. 점 다섯 개를 잇는다. 그러면 그 점은 별이 된다. 점을 이으면 나만의 별이 되는 것이다.

'도트 커넥션' 기획안은 학교 승인을 받았고, 전교생 대상인 강의는 무사히 진행되었다. 이날 나는 학생들에게 다음과 같은 질문을 했다. "여기 두 가지의 인생이 있습니다. 어떤 인생이 더 나아 보이나요?"

〈인생 A〉
1. 고등학생 때 부모님이 이혼을 했다.
2. 방황을 하다가 원하는 대학교에 못 갔다.
3. 원하던 회사 면접에서 최종 탈락했다.
4. 원하지 않는 임신을 했다.
5. 아무 연고도 없는 충청도로 내려가서 부모님도, 친구도 없다.

〈인생 B〉

1. 모든 선택을 스스로 하며 주도적으로 인생을 살았다.

2. 평생을 함께할 진정한 친구들이 있다.

3. 대형 증권사에 입사하여 재테크에 대해 공부했다.

4. 좋은 영향력을 끼치는 한 사람을 만나 인생이 바뀌었다.

5. 혼자만의 시간을 통해 인생의 방향을 찾았다

〈인생 A〉를 보여주는 순간, 여기저기서 탄식이 터졌다. 헛웃음을 터트리는 학생도 있었다. 당연히 학생들은 〈인생 B〉에 많은 손을 들었다. 나는 학생들에게 말했다.

"이 인생의 주인공은 바로 여러분 앞에 서 있습니다."

놀라는 학생들에게 덧붙였다,

"A와 B 모두 제 인생입니다. 완전히 달라 보이는 두 인생이 동전의 양면처럼 존재합니다. A가 없었다면 B는 존재할 수 없는 경험입니다."

불행인 줄 알았던 점을
뒤집어 보면

우리는 모두 점 하나를 찍으며 산다. 이 점들이 모여 이미 완성된 도형도 있을 것이다. 이제 막 선으로 이어지기 시작한 점도 있을 것이다. 혹은 너무나 산발적이고 독립적이어서 과연 선으로나 이어질 수 있을까 싶은 점도 있을 것이다. 점은 저마다 위치, 모양, 크기, 빛깔, 무게가 다르다. 무의미할 정도로 작은 점이 훗날 거대한 크기로 다가올지도 모른다. 어쩌면 선이 모여 면으로 만들어질 찰나에 무너진 도형도 있을 것이고, 찌그러진 채 남아 있는 도형도 있을 것이다. 인생이라는 백지 위에 내가 그린, 그리고 있는, 그리다 만, 그릴 도형이 여기저기 떠 있다. 지금 이 순간이 향후 어떤 가치가 있을지 가늠할 수 없는 것이 '점'의 속성이다.

나만 해도 그리다 만 도형이 얼마나 많은가. 쇼 호스트가 되겠다고 아카데미에 다녔던 점은 결국 면이 되지 못했다. 선이라도 되면 좋을 텐데 이을 만한 다른 점이 안 보인다. 어쩌면 점으로만 남아 있을지 모른다. 내 삶의 철학과 맞지 않는 직업이라서 앞으로 도전할 일은 없을 테니까. 소비에 대해 회의적인 내가 소비를 조장하는 '사라'는 말을 할 순 없다.

하지만 꿈을 향해 절실하게 뛰는 많은 이를 보았다. '양성반' 동기가 방송 기자가 되었다는 소식에는 '그렇게 열심히 하더니 결국 되는구나' 싶었다. 매주 수업 준비를 과할 정도로 해온 동생이었다. 패널을 준비하기도 하고, 방송인처럼 언제나 정장을 입고 다녔다. 뿐만 아니라, 주말에도 학원에 나오는 예비 쇼 호스트로 바글대던 곳에서 스터디 모임을 두세 개씩 했다. '한번 해보고 싶다', '나는 잘할 것 같다'는 마음으로 발 한번 슬쩍 담가 본 나는 코 박고 반성해야 할 정도로.

동시에 나를 작아지게 만드는 곳이기도 했다. 내가 가진 장점을 보지 못하고, 남이 가진 재능을 탐했다. 발랄한 이미지, 반달이 되는 예쁜 눈웃음, 샤라락 말려 올라가는 입꼬리, 좋은 발음과 발성을 가진 이들이 나를 작아지게 만들었다. 학원에서 나오고 나서야 알았다. 타인만 신경 쓰는 그런 태도면 어딜 가도 원하는 바를 이룰 수 없다는 사실 말이다.

이 점(dot)은 뚝 떨어져 있지만, 그만의 고유한 빛깔이 있다.

한편, 완성되었지만 유영 중인 도형도 있다. 지금 쓰고 있는 이 원고는 공식적으로 두 번째지만, 비공식적으로는 세 번째이다. 임신 기간에 쓴 원고가 '내 마음 속의 첫 책'이다. 불러오는 배를 끌어안고 60일 동안 쓴 원고는 책 한 권의 분량이 되었다. 초고를 손볼 시간도 없이 곧 출산, 육아가 이어졌고 원고는 일상에서 잠시 밀려났다.

약 1년 후 다시 들춰본 원고는 세상에 나올 수 없었다. 책을 안 읽는 20대 초반에게라도 먹히면 다행일, 그렇고 그런 자기계발서로 보였기 때문이다. 쓴 노력이 아까우니 손을 봐서 세상에 내놓으라고 지인이 말한다. 하지만 이 원고는 책이 되지 않아도 내게 이미 충분한 가치가 있다. 그 누구의 도움도 받지 않은 60일 간의 여정, 책 한 권 분량을 쓸 수 있구나 하는 자신감, 만삭의 몸으로 해냈다는 '자기 효능감', 더군다나 읽고 쓴 시간이야말로 최고의 태교 아닌가!

내가 찍은 다양한 점은 유의미한 형태로 자전 중이다. 점의 의미를 이해하면, 좋고 나쁜 경험은 없다는 것을 안다. 불행인 줄 알았던 점을 뒤집어 보면, 행운의 얼굴을 하고 있듯이 말이다. 각기 다른 위치, 모양, 크기, 빛깔, 무게를 지닌 점은 소우주를 이루는 다채로운 별들이다.

'우연'이라는
삶의 법칙을 만나다

성공한 연사의 인터뷰를 볼 때 의식적으로 찾는 단어가 있다.

'우연히.'

뜻하지 아니한 가면을 쓴 삶의 손길, 우연.

최근 본 고산 씨 인터뷰도 어김없이 그랬다. 고산 씨의 수식어는 더 이상 '우주인 후보'가 아니었다. 3D 프린트 업체 대표가 되어 있었다. 고산 씨는 2006년 국내외 언론의 스포트라이트를 받은 인물이다. 1만8천 대 1의 경쟁률을 뚫은, 국내 1호, 한국 최초 우주인 탑승자로 말이다. 하지만 2년 만에 그의 꿈은 사라졌다. 훈련 규정을 어겨 우주인 자격이 박탈되었다. 발사 한 달 전 일이었다.

'비운의 우주인'은 한국항공우주연구원에서 2년간 일했다. 그의 꿈은 '우주 연구원 혹은 행정가'로 바뀌었다. 2010년, 하버드 대학교 케네디 스쿨 전액 장학금을 받는 조건으로 유학길에 올랐다. 하지만 그는 진학 1년 만에 하버드 케네디 스쿨을 자퇴했다. '우연의 법칙'이 그의 삶에 작동했기 때문이다. 그의 삶을 바꾼 건, 대학원 진학 전에 우연히 수강한 싱귤래리티 대학 창업 프로그램이었다.

미국 실리콘밸리 싱귤래리티 대학교는 2008년 NASA와 구글이 후원해서 세워진 창업 대학이다. 거기서 3D 프린터를 처음 본 그는 깜짝 놀랐다. 우주가 인생의 전부였던 그에게 인식의 전환이 일어났다. 취업에 목을 매고 다른 것을 발견하지 못하는 한국 학생들이 떠올랐다. 싱귤래리티 같은 창업기관을 직접 만들어 보기로 했다. '우주인 후보 탈락'이라는 '점'은 돌이켜봤을 때 인생의 기회였다고 고산 씨는 말한다. 우주에 다녀왔다면 박제처럼 살았을 것 같다고. '국내 1호 우주인'에게 기대하는 세상의 틀에 자신을 짜 맞추었을 거라는 뜻이다. 그는 더 이상 비운의 우주인이 아니다. 행운의 지구인이다.

'계획'대로 되지 않았지만 '우연'이 펼쳐진 덕이다. 우연은 삶이 준비해 놓은 선물이다. 영어 단어를 보면 보다 명확해진다.

by chance.

기회라는 뜻도 있지만, 행운, 운, 가망의 뜻도 있다. 우연의 민낯은 '행운'인 셈이다.

내 삶에도 최고의 '기회(chance)'가 존재한다. 결혼식 당일까지는 괜찮던 컨디션이 신혼여행지에 도착한 순간부터 급격히 나빠졌다. 첫날밤은 물론, 둘째 날 밤, 셋째 날 밤도 신혼부부에겐 없었다. 내가 종일 해롱대며 잠만 잤기 때문이다. 신랑은 혼자 술을 마시고, 혼자 산책을 했다. 훗날 친한 친구에게 들은 이야기로는 신혼여행지에서 신랑이 전화를 했단다.

"시현이가 잠만 자……. 원래 저래……?"

한국으로 돌아오는 공항에서도 의자에 기대어 잠만 잤다. 요기를 채우기 위해 신랑과 식당가에 들어서는 순간, 속에서부터 역겨움이 올라왔다. 그 나라 특유의 향신료 냄새였다. 순간 '욱' 하는 헛구역질. 신랑은 눈치 채지 못했지만, 평소와 다른 신체 반응을 느낀 나는 '혹시?' 하는 생각이 들었다. 비행기 안에서도 한기가 들어 덜덜덜 떨었다.

돌아오는 평일, 나와 신랑은 산부인과에 갔다. 의사 선생님은 대수롭지 않게 말씀하셨다.

"임신이네요."

마치 "하루는 24시간이에요"라는 말투였다. 우리 부부는 예상치 못한 공격(?)에 동시에 "네?" 하고 소리치고 말았다. 그렇게 아기는 계획에도 없이 찾아왔다. 아무래도 결혼 전에 꾸린 신혼집 이삿날이 첫 만남인 것 같다. '세상 절반은 술 먹고 우연히 생긴 아이들'이라는 우스갯소리가 떠올랐다. 예상치 못한 둘째 임신으로 '멘붕'에 빠졌던 친구에게 이 명언을 전하니 "아-!" 하고 짧은 탄식을 질렀다. 그녀도 술 때문이란다.

계획에 없던 임신은 여자에게 많은 혼란을 준다. 대개 남자에게 아기란 '일상+@'의 개념이지만, 여자에게는 인생 그 자체다. 궤도가 완전히 달라지는 문제이기 때문이다. 나 역시 임신 초기에 많이 혼란스러웠다. 심지를 세우지 못하는 나 때문에 부부 사이까지 안 좋아졌다. 하지만 '우연'은 역시 '행운'의 다른 말인가 보다. 나도, 둘째를 낳은 친구도, "애를 안 낳았으면 어쩔 뻔 했어!"라는 말을 달고 사는 걸 보면 말이다.

목표와 계획에 집착하면
내 옆을 지나가는 우연을 보지 못한다

증권사 신입사원 연수 시절, '인생 설계(Life Plan)' 작성 시간이 있었다. 1년 후, 5년 후, 10년 후, 20년 후, 30년 후의 생애 주기에 따른 인생 설계 프로그램이었다. 동기들 라이프 플랜을 슬쩍 보니, 연봉 1억 달성, 지점장 승진, 대학원 진학, 금융 관련 자격증 취득 등 비슷비슷했다. 정식 입사 후에도 1년에 한 번, 의무적으로 라이프 플랜을 작성해야 했다. 전 직원 공통 연례행사였다. 일, 직장, 가정, 자기계발, 자산 등 다양한 항목에 '가장 좋은 것'만 적어 넣었다. 그렇게 나는 7개의 라이프 플랜을 가졌다.

지금 내 인생에는 성공 방정식으로 점철된 라이프 플랜이 단 하나도 들어있지 않다. 정년퇴직은커녕, 7년 차에 퇴사한 것만 봐도 나의 '계획(Plan)'은 실패다. 하지만 '흐름(Flow)' 관점에서라면 이야기는 달라진다. 퇴사, 세일즈, 결혼, 충청도, 육아, 강의라는 예상치 못한 변수들 덕분에 지금의 내가 되었기 때문이다.

예전에는 여행을 다닐 때에도 계획을 짰다. 1일차, 2일차 등으로 말이다. 작년 늦여름, 35년 동안 제주도 한 번 못 가 본 '서울 촌놈' 신랑을 위해 특별 휴가를 떠났다. 신랑에게 제주의 많은 것을 보여줘야 할 것 같은 의무감이 들었다. 1일차에는 여기 가고, 2일차에는 이거 보고. 몇 날 며칠 제주도 지도를 들여다보다가 결단을 내렸다.

'에이! 마음 닿는 대로 가지 뭐!'

그렇게 계획도, 목표도 없이 제주로 떠났다. 결국 우리 가족은 성산 일출봉을 제외한 유명 관광지는 한 군데도 가지 않았다. 제주 동부와 우도에서만 3박 4일을 보낸 것이다. 이곳이 좋으면 조금 더 길게 머무는 식으로. 신랑은 아름다운 우도에 푹 빠져버렸다. 우도에서 1박을 하고도 아쉬워서 어쩔 줄 몰라 했다. 내심 오후 두세 시에는 제주로 나가고 싶었는데, 신랑과 아이 덕에 마지막 배를 타고서야 빠져나왔다.

우도에서 밤을 보내기로 한 날, 나는 피곤하여 아이와 먼저 숙소에 들어왔다. 신랑에게는 혼자만의 시간을 만끽하다 오라고 하고서는. 신랑은 밤늦게 돌아왔다. 다음 날 아침 휴대폰을 보니, 전날 밤 신랑이 보낸 메시지가 와 있었다. 혼자 맥주 두 캔을 사들고 해변으로 간 모양이다. 거기 앉아서 고기잡이 배 불빛을 보며, 음악을 들으며, 맥주를 마신 모양이다. 신랑은 밤바다에 취해 내게 이런 문자를 보냈다.

"여보, 너무 행복해서 눈물이 나……. 너무 행복해……. 이번 여행이 내 생애 최고의 여행이야! 고마워, 사랑해."

삶도, 여행도 이런 자세가 필요하다. 목표와 계획에 집착하면 내 옆을 지나가는 우연을 보지 못한다. '꼭 보아야 할 것'에 스케줄을 맞추지만, '꼭 보아야 할 것'을 놓친다. 목표와 계획은 '미래'라는 다가올 시간에 미리 대비하는 태도다. 미래란 무엇인가. 시간이라는 의미를 설명하기 위해 인간이 만들어 낸 개념일 뿐이다. '어차피 무슨 일이 벌어질지 모르는데 되는 대로 살자'는 말이 아니다. 목표와 계획은 앞으로 나아가게 해주는 역할을 분명히 해준다. 시험 준비에는 꼭 필요하다. 하지만 인생은 시험이 아니다.

제주도를 흠뻑 느끼고 오겠다는 큰 방향만 있어도 지금 내가 있는 이 순간을 오롯이 느낄 수 있다. 내가 서 있는 이곳이 제주도이기 때문이다. 삶도 마찬가지다. 내가 추구하는 큰 가치와 방향을 설정하되, 그 안에서 일어나는 우연의 요소를 즐길 수 있어야 한다. 운명을 '느껴보는' 것이다.

최근에 '여권 신장을 위한 인터뷰' 요청이 들어왔다. 워킹맘의 고충에 대한 인터뷰였다. 총 7가지 질문이었는데, 6번 질문까지는 막힘없이 답을 했다. 그런데 일곱 번째 질문 앞에서 말문이 막혔다.

"마지막으로 워킹맘으로서 꿈꾸는 인생의 목표는 무엇인가요?"

백발 커트가 잘 어울리는 할머니가 되는 게 꿈이지만, 왠지 말하기 그랬다. 인터뷰 목적이 '여성의 인권 신장'을 위해서라는데, 무언가 더 정책적인 이야기를 해야 할 것 같았다. 일하는 데 있어서 시간과 공간의 한계가 없는 환경을 만들고 싶다는 대답으로 마무리 지었다. 꿈과 목표라고 할 만한 것이 없다는 자각에 적잖이 당황했다. 꿈이 없는 사람을 그렇게 안타깝게 여겼는데 말이다.

삶의 흐름에 내맡기기 시작한 이후 꿈과 목표가 저절로 사라졌다. 그저 삶이 손짓하는 대로 가고자 할 뿐이다. 물론 품고 있는 소망은 있다. 전업 작가가 되고, 예쁜 시골 농가에서 살고, 트럭을 개조한 캠핑카를 타고 가족 여행을 하는 것 말이다. 소망이란 때가 되면 삶이 이뤄주는 것이지, 내가 어떤 계획을 세우는 영역이 아니라고 생각한다. 돈도 그렇다. 내가 큰돈을 받을 깜냥이 되면 그때 물질적 풍요가 이루어질 것이라고 믿는다.

꿈이 사라진 나는 행복하다. 쫓기는 기분에서 벗어났다. 우리를 행복하게 하는 것은 '목표'가 아니라 '자유'다. 목표에 빨리 도달하는 경주마의 삶도 누군가에겐 필요하다. 하지만 현재를 오롯이 받아들이고, 내게 일어난 일의 의미를 유추하고, 감사하는 마음을 갖는 것이 보통의 삶이다. 우연의 필연성을 느낄 수 있는 유일한 방법이기도 하다.

Life in flow, Flow in life

Part 2

● ● ● ● ● ●

점을 이으면 인생이 된다

산수젬병이 증권회사에서
삶의 흐름을 읽다

A항공 최종 탈락.

생애 첫 면접에서 떨어졌다. 아무것도 모르는 아버지는 귀한 딸자식 떨어트렸다고 분통을 터트렸다. 그 딸자식의 방만함과 자만심 때문이라고는 차마 말 못했다. 서류 통과도 힘들다는 승무원 면접에서 한 번 만에 최종 면접까지 올라갔다. 1차 면접에서는 다른 지원자들은 퇴장하고 나만 홀로 남기까지 했다. 턱의 그림자가 상처인지 체크하기 위해서였다. 면접관들은 메이크업의 음영 때문인 걸 보시고는 "예쁜 얼굴을 망쳐놨네"라고 하셨다. 승무원 면접에서 개인적으로 체크까지 하는 것은 긍정적인 징조라고 들은 터였다.

예상대로 1차는 합격이었다. 이제 나는 무엇을 해야 할까? 다음 전형을 위해 만전을 기하는 것이 수순이다. 그러나 나는 특별한 다른 것을 준비했다. 3kg의 몸무게였다! 1차 면접의 느낌이 좋아 그 느낌 그대로 기분 좋게 축하주를 연속 마셔댄 것이다.

"역시 나는 될 거라고 했어!"

2차 면접 전형 중 하나인 수영 테스트에서는 거의 수영장 물을 잡아 뜨는 심정으로 완주했다. 보기 좋게 맞았던 블라우스와 치마는 터지기 직전의 흉물스런 모습으로 변했다. 무거워진 몸 때문이었다. 충분히 대답할 수 있었던 영어 테스트는 앞선 불안한 상황들 때문에 도미노처럼 무너져 버렸다.

고작 23살이었으니 아직 도전할 시간은 많았다. 28살의 나이 때문에 혹여나 불이익을 받을까 노심초사하는 승무원 지망생들에겐 부러움의 나이였다. 그러나 나는 한심하게도 기회를 활용할 줄 몰랐다. 아직 어리니, 시간이 많으니, 가능성을 확인했으니, 언제든 다시 시작하면 된다는 몹쓸 긍정이 또다시 고개를 들었다. 생애 '첫' 면접에서 '최종' 면접까지 올라갔다는 절름발이 성취감에만 도취되었던 것이다. 나는 또 다시 포장마차를 즐겨 찾았고, 급기야 예정되어 있던 다른 항공사 면접을 '쨌다!'

흥겹게 술자리를 가지고 다음 장소로 이동하던 평소와 다름없던 어느 날이었다.

"어? 시현아! 잘 지냈어?"

누군가 반갑게 인사를 건넸다. A항공 면접장에서 잠깐 인사했던 친구의 친구였다.

"엇! 보나야! 오랜만이다!"

"응, 잘 지냈지? 그때 A항공사는 어떻게 됐어?"

"나는…… 떨어졌어."

"정말? 아쉽다, 다음번엔 꼭 될 거야!"

"그래야지! 보나 너는?"

"나는 D항공에 합격했어."

D항공은 내가 불참했던 바로 그 면접이었다. 나 잘난 맛으로 인생의 승자처럼 지내던 시간에 다른 사람들은 진짜 승리를 맛보고 있었던 것이다. 부끄럽게도 난 그날, 울어버렸다. 뭘 잘했다고 눈물이 나오는지 모르겠지만 그냥 눈물이 나왔다. 잡초는 밟혀도 다시 일어선다 했는가? 난 잡초보다 못했다. 잡초는 밟혀도 일어나지만 나는 밟혀야만 일어나니까. 그냥 곱게 성장하면 될 것을 꼭 눈물을 봐야만 정신 차리는 첫 성장통이었다.

우연을 만나는 순간,
'운명'의 클릭을 하다

승무원 지망생들이 모인 커뮤니티가 있다. 승무원을 준비하는 과정의 고민이나 면접 후기 등을 나누는 곳이다. 그날 나는 거기서 우연을 만났다. "만약 승무원이 안 된다면 증권사에 가고 싶어요"라는 글을 본 것이다. 다른 사람들의 플랜 B가 궁금했던 나는 '운명'의 클릭을 했다. 글쓴이는 증권사 중에서도 한투에 가고 싶다고 한다. 그 글에 "저도요", "저도 한투를 생각하고 있어요" 등의 댓글이 달려 있었다. 증권사라는 게 뭔지도 몰랐다. 완벽한 미지의 세계였다. 증권사는 뭐고, 한투는 또 뭐지? 마치 '트로츠뎀(Trotzdem, '그럼에도 불구하고'라는 뜻의 독일어)'이라는 단어를 보는 기분이었다. 검색을 해보니 그녀들이 말하는 '한투'는 '한국투자증권'의 약자였다. '승무원 지망생들이 원하는 회사면 좋은 곳이겠지?' 덩달아 '한투'라는 플랜 B가 만들어졌다. 증권사 공채 기간에 별 생각 없이 서류를 넣었다. 합격이었다.

승무원이 되고 싶다는 간절함에 한 우물만 팠더라면 석유를 보았을지 모른다. 너무 빨리 놓은 꿈 때문에 미련의 그림자에 갇힌 시간도 있었다. 비행 소녀를 꿈꾸던 나는 별안간 증권우먼이 되었다. 얼떨결에 선택한 순간이 모든 뿌리의 시작이었다. 여기서부터 실타래는 풀려가고 물줄기는 흐른다.

내 인생에 수학, 과학은 없었다. 학창 시절 산수, 수학은 언제나 다른 과목에 비해 낮은 성적이었다. 고등학교 때는 아예 없는 놈 치고 살았다. 수능 공부할 때도 수학 문제집은 사지 않을 정도였으니 내놓은 자식이었다. 모의고사 70점 만점에 20점이 평균 점수였다. 반면, 언어 영역은 120점 만점에 100점은 매번 넘겼다. 교외 대회 글짓기 수상 경력이 많아 고2때 이미, 부산 국립대학교 국문학과에 입학 자격이 갖추어지기도 했다. 당시 부산 국립대학교 백일장에서 2등을 하여, 언어 영역 수능 2등급만 충족하면 그 학교 국어국문학과에 진학할 수 있었다. 언어 영역 수능 2등급은 나왔고, 실제로 다른 지역 국어국문학과 원서도 함께 준비했다. 그런데 문득 이런 생각이 들었다.

'대학 4년 내내 글만 읽고 쓰는 생활이 재미있을까?'

그렇게 초 · 중 · 고 장래 희망이었던 '작가'를 한순간에 버리고, '카피라이터'의 꿈을 안고 경성대학교 광고홍보학과(멀티커뮤니케이션학부)에 진학을 한 것이다. 하지만 난 숫자가 싫었다. 무서웠다. 숫자가 나오면 지레 겁을 먹고 '난 못해'라며 발을 뺐다. 만약 경영학과를 갔다면 회계는 처음부터 포기하고 들어갔을지 모른다. 난 스스로 초우뇌형 인간이라고 확신하며 살았다. 그런 내가 숫자의 메카, 증권사에 들어오다니! 은행 거래도, 그 흔한 적금 한번 부어본 적 없는 내가. 통장보다 책상 서랍에 지폐를 쌓아두는 게 더 편한 내가 말이다.

한 달간의 직무 교육을 받고 드디어 발령이 났다. 아무리 밖에서 똑부러진다는 소리를 들어도 직장에서는 어리바리 신입사원일 뿐이었다. 업무 실수보다는 화법 때문에 지적을 받았다.

"네, 고객님, 통장 잔고는 '빵 원'입니다."

"네, 고객님, ○○ 통장으로 100만원 '쏴' 드렸습니다."

심지어 단위도 잘 읽지 못했다. 1,001,110원, 1,010,010원 등이 어찌나 어렵게 보이던지.

"백…… 천백십 원입니다", "백만만십 원……입니다"라고 하여 고객에게 도대체 그게 얼마냐고, 알아듣게 말하라고 혼나기도 했다. 단위가 백만이 넘어가면 속으로 열심히 '일, 십, 백, 천, 만, 십만, 백만, 천만……' 계산하느라 바빴다. 6개월, 1년이 지나며 귀걸이가 두 개이던 한쪽 귀엔 귀걸이가 하나가 얌전히 놓이게 되고, 억 단위가 넘어가도 속으로 단위 세는 일은 없어졌다. 승무원을 너무 손쉽게 포기했다는 미련 때문에 우는 일도 없어졌고, 아침 7시 30분까지 출근하는 일도 익숙해졌다. 게다가 펀드 수익률 덕분에 돈 모으는 재미에 빠졌다. 입사 1년 반 만에 3천5백만 원을 모았다.

나를 위해 삶이 준비한 선물

한국투자증권에서의 7년은 내게 플랜 B 그 이상의 가치를 지닌다. 돈과 숫자에 무지했던 나에게 흥미를 느끼게 해주었을 뿐 아니라, 재테크에 대해 알려준 곳이기도 하다. 일정 기간 동안 돈과 투자에 대해 체계적으로 배우고, 경험하고, 옆에서 볼 수 있었던 것은 소중한 기회이자 공부였다. 만약 회사가 아니었다면 펀드니, ELS니, 주식이니 하는 투자 공부는 평생 하지 못했을 거라 확신한다.

펀드의 생리를 알기에 수익률이 마이너스여도 기다릴 수 있다. 3년 이상 묵혀둔 펀드 덕분에 자동차를 사고, 집을 사는 데 보탤 수 있었다. 결혼 후, 급하게 돈이 필요해서 연금펀드를 해지한 적이 있다.

2007년부터 넣은 연금펀드였다. 8년 동안 묵혀둔 연금펀드의 수익률은 무려 100%였다. 연 수익률로 환산해도 12.5%다. 중도해지수수료로 100만 원이 나왔지만, 2배에 달하는 수익률 덕에 고민하지 않고 급전을 쓸 수 있었다.

여전히 우리 가족은 펀드에만 적금을 붓는다. 펀드에 대해 아무것도 모르던 신랑도 처음에는 마이너스가 나면 울상이었지만, 이젠 기다리면 된다는 것을 알기에 잊어버리고 지낸다. 부동산, 금, 달러는 몰라서 못하지만, 펀드는 다르다. 내게 가장 친숙하고 쉽고 잘 아는 유일한 투자처이다. 만약 승무원이 되었다면 어땠을까? 20대의 내 성향으로 봐서는 분명 면세품 쇼핑에 빠졌을 것이다. 그때의 나는 외적 치장에 아주 관심이 많은 여자였기 때문이다. 증권사 입사는 여러 면에서 돈에 약한 나를 위한 삶의 선물이라 생각한다.

한국투자증권은 내게 첫사랑이자 아버지다. 감사함에, 애틋함에, 그리움에 여태껏 가슴에 품고 있을 수밖에 없다. 부족한 내게 다양한 기회를 주었기 때문이다. 그중 하나가 서울 본사 발령이다. 예전부터 영남은 안정적이고 보수적인 성향이 강한 지역이다. 아버지 세대는 한 번 태어난 곳에서 평생 동안 살다 가려 한다. 이사도 잘 안 간다. 그 동네 안에서만 돈다. 우리 가족도 3대째 같은 동네에 살고 있다. 이런 환경이었으니, 부산 외 다른 지역에 산다는 것은 상상도 못했다. 누군가 억압하거나 막은 게 아니라, 사고 자체가 그랬다. 지구에 살고 있는 우리가 다른 별로 갈 생각을 하지 않는 것처럼 말이다. 결혼도 부산, 사는 것도 부산, 늙는 것도 부산, 죽는 것도 부산이라고 생각했다. 부산을 뜨게 한 하나의 '점'이 다가오기 전에는 말이다.

삶의 흐름이 춤추는 대로

해운대 달맞이 카페에서
삶의 흐름에 올라타다

　　며칠 전, 울산에 다녀왔다. UBC울산방송 진행자이
자 프리랜서 방송인인 친구는 벌써 애 둘 엄마가 되었다. 전화할 때마
다 정신이 없어 보인다. 6살, 4살 남매를 보면서 일을 병행하니 그럴
수밖에. 각자 가정을 꾸리면서 멀리 떨어진 탓에 1년에 한 번이라도
보면 다행이다. 이번 강의 때문에 부산에 내려가면서 울산 친구 집에
꼭 들리겠다고 벼른 덕분인지, 갑작스런 만남이 성사되었다. 예나 다
름없이 밝고 경쾌한 목소리로 현관문을 열어 주는 그녀에게 노란 편
지 봉투를 건넸다. 내 인생에 '큰 점(Big dot)'을 찍어준 그녀에게 전하
는 감사 편지였다.

　　20살에 처음 만났으니 벌써 15년 된 우정이다. 그녀는 초등학교
때부터 꿈이 아나운서였다. 신문방송학과에 입학하고, 아나운서 동

아리 활동을 하면서 동아리 장이 되더니, 마침내 MBC 부산 방송 기상 캐스터로 데뷔했다. 그야말로 방송만을 바라본 외길 인생 20년이다. 학교에서 나는 '박뽕', 그녀는 '문지뽕'으로 불렸는데, '뽕'이란 말은 푼수를 일컫는 부산 은어였다. 03학번 유일한 '뽕 시스터즈'인만큼 쿵짝이 잘 맞았다. 시험 기간에는 도서관에서 공부하고 그녀 자취방에서 며칠을 자기도 했다.

'부성고시텔'은 숙소는 물론, 술집의 기능도 했다. 소주와 아이스크림 궁합이 최고라며 아이스크림에 소주를 마시거나, 소주엔 빵이지! 하며 빵에 소주를 마셨다. 자취방에 있던 침대를 빼주기도 했는데, 이유는 술 마실 수 있는 공간을 넓히기 위해서였다. 문지뽕 덕분에 울산도 처음 가보고, 울산 집에 가서 어머님이 담군 포도주도 얻어 마셨다. 글로 쓰지 못할 정도의 추억으로 점철된 뽕시스터즈는 취업 시기가 다가오면서 각자의 길을 준비했다. 대학교 4학년 때 그녀는 기상캐스터로, 나는 증권사 직원으로 사회에 첫 발을 내딛었다.

한국투자증권 해운대 지점으로 발령 받으면서 나는 독립을 했다. 7시 30분 이전에 출근을 해야 하는데, 집에서 50분 걸리는 거리가 부담스러웠기 때문이다. 문지뽕은 더했다. 울산에서 부산 MBC로 출퇴근을 해야 했는데 거리는 그렇다 쳐도, 출근 시간이 상상 이상이었다. 문지뽕 출근 시간은 새벽 5시였다. 출근 시간에 맞추려면 새벽 3시에 일어나야 하는 것이다. 결국 해운대 자취방에서 문지뽕은 종종 출퇴근을 했다. 문지뽕이 오는 날엔 꼭 맥시칸 순살 양념치킨을 시켰다.

1인 가구에게 치킨은 멀고도 가까운 존재이다. 혼자서 치킨 한 마리를 다 못 먹으니 손님이 올 때야 시킬 수 있으니까. 문지뽕과 나는 치킨을 먹으며 드라마 〈아이리스〉를 보았다. 새벽 5시에 출근하는 문지뽕은 꼭 드라마 중간에 잠들었지만 말이다. 문지뽕도 곧 새벽 3시 기상, 새벽 5시 출근이 익숙해졌다. 그리고 차츰 우리 집에 오는 시간이 줄어들더니 급기야 발길이 끊겼다.

그때, 친구의 점 하나가
내게로 오다

오랜만에 문지뽕과 해운대 달맞이 카페에서 만나기로 했다. 서로 근황을 주고받다가 그녀가 말했다.

"나 강사 준비하려고."

"강사?"

"기상 캐스터는 수명이 짧으니까 다른 길을 준비해야 할 것 같아서."

기시감이 들었다. 증권사라는 존재를 처음 알았던 그때 그 기분. 친구 이야기를 듣는데 나도 모르게 점점 빠져 들었다. 그때가 입사 2년 차였다. 현재의 자리와 생활에 만족했지만 채워지지 않는 무언가가 있었다. 부족한 2% 때문에 고민과 생각을 많이 하던 그때, 친구의 점 하나가 내게 온 것이다. 마침 친구가 다니는 아카데미에서 '발표회' 비슷한 걸 한다고 했다. 그날 보기로 약속하고 헤어졌다.

발표회 날, 친구 가족과 나는 같은 테이블에 앉았다. 아카데미 수강생들이 '자신의 길'을 주제로 사람들 앞에서 연설하는 자리였다. 친구 차례가 되었다. 커다란 스크린 앞에서 마이크를 든 채 자기 이야기를 하는 친구 모습에 가슴이 두근거렸다. 마이크를 통해 퍼지는 친구의 말과 표정, 모든 사람이 집중하는 공기, 그 에너지가 나를 벅차게 했다. 결국 나는 눈물을 터트렸다. 마무리 순서로 오늘 행사에 참석한 소감을 말하는 자리가 있었다. 그날이 내가 마이크를 들고 사람들 앞에 선 첫날이다. "강사라는 직업을 알게 해준 친구에게 너무 고맙고, 나도 그 길을 가기로 결심했다"는 나만의 비전을 선포했다. 서울로 가야 하는 강력한 이유가 생겼다. 본사 교육팀.

하지만 부산의 신입사원이던 내가 서울 본사에 아는 직원이 있을 리 만무했다. 정보와 인맥이 전혀 없는 제로 베이스. 회사 조직도를 찬찬히 살펴보았다. HRD(인적자원개발)부 막내로 보이는 선배에게 무작정 메신저를 날렸다.

'선배님, 저 본사 HRD부 가고 싶은데 어떻게 해야 해요?'

그게 시작이었다. 서로에 대해 전혀 몰랐지만 우리는 메신저로 친분을 쌓아갔다. 선배는 준비해야 할 사항을 알려줄 뿐 아니라, 잘하고 있는지 간간히 체크도 했다. 조직개편 때 일면식도 없는 나를 추천해준 그야말로 일등공신이었다. 하지만 하반기 이동 신청은 반려되고 말았다 상심도 잠시, 점점 익숙해져가는 지점 생활에 본사 지원은 점점 잊혀져갔다.

그러던 어느 날, 지점장님이 나를 불렀다. 지점장과 신입사원의 일대일 면담은 흔치 않은 일이다. 조심스레 들어간 나를 보고 지점장님은 물었다.

"음, 시현 씨. 혹시 본사에서 일하고 싶은 의향이 있나? 본사에서 요청이 들어왔네."

본사 이동을 신청한 지 반 년 후에 일어난 뜬금없는 제안이었다. 정신이 번쩍 들었다. 일말의 고민 없이 "가고 싶어요! 갈게요! 저 갈게요!"라고 외쳤다. 집에 상의해 봐야 하지 않느냐는 지점장님의 말에 나는 소리쳤다.

"아니오! 할 필요 없어요! 고맙습니다!"

서울에 친척은 있느냐, 의지할 곳은 있느냐는 지점장님 걱정에도 무조건 I'm OK였다. 지점장님은 웃으며 한마디 하셨다.

"너무 반갑게 간다 하니 서운하네?"

하지만 아버지의 반대가 안 봐도 뻔했다. 장녀인데다가, 사실 상견례까지 한 상황이었다. 하지만 이미 상견례고 결혼이고 내 머릿속에 없었다. 그토록 원하던 2%를 찾았다는 기쁨뿐이었다. 갑자기 인생에 생기가 돌았다. 아버지에게는 거짓말을 했다. 발령이 갑자기 났고, 이 발령에 못 따르면 회사에서 잘린다며 실직 가능성에 대한 협박 아닌 협박을 했다. 결혼 이야기가 나왔던 그 사람과의 관계는 날이 갈수록 악화됐다. 나는 아랑곳하지 않고 상경 준비를 했고, 그 만남은 지옥을 보고야 끝이 났다.

"서울 갈래?"라는 지점장의 물음에 이것저것 생각할 겨를 없이 반사적으로 "네!"라고 대답한 것은 본능이었다. 잡기 힘든 큰 기회라는 것을 직감적으로 알아챘다. 만약 너무 갑작스러워서, 준비가 안 돼서, 계획에 어긋나서, 부모님이 반대해서 등의 이유로 망설였다면 꼭 있어야 할 점 하나를 찍지 못했을 것이다. 내 인생의 전환점이자 성장점을.

때때로 삶은 과격한 방식으로 '신호'를 준다

서울 생활은 만족스러웠다. 정말 '큰 세상'이었다. 본사로 첫 출근한 날, 새로 배치 받은 직원들이 일렬로 쭉 서 있는 것을 보고 깜짝 놀랐다. 인사 이동 규모부터가 달랐다. 지점은 신입사원 한 명이 오면 큰 이슈였다. 다른 지점에서 '이번 신입 어때?'는 메신저가 사방에서 올 정도로 '물갈이'가 작았다. 여의도의 점심시간 풍경도 충격이었다. 음식점 앞에 줄을 서야 했기 때문이다! 밥을 먹으려고, 맛집도 아닌 일반 음식점에 줄을 서서 기다린 건 처음이었다.

서울말도 헷갈렸다. 부산 사투리에는 중국어처럼 성조가 있다. 인터넷에서 떠돌던 '2의 2승, 2의 e승, e의 2승, e의 e승'의 서울말, 부산말 차이를 봐도 알 수 있다. 억양도 그렇지만 발음이나 단어의 차이도 상당했다. "팀장님, 잠깐 1층에 다녀오겠습니다"라는 말을 하기 전에 얼마나 '자기 검열'을 많이 했는지 모른다. 대개 서울말처럼 힘을 빼고 '일: 층'이라고 하자니 어색하고, '일층'이라고 하면 못 알아들으실까 봐 걱정이고.

오렌지를 먹다가 튀어나온 "아유! 새그러워!" 역시 마찬가지였다. 서울말 억양을 완벽히 했는데도 같이 있던 선배가 "무슨 뜻이야?"라고 묻는 거다. 알고 보니 '새그럽다'는 부산 사투리였다. '10월'은 [시벌]이 아닌 [시월], 6월은 [유궐]이 아닌 [유월]로 발음한다는 따위를 차차 알게 되었다. 본부 첫 회식 때 부산 사투리로 소감을 말했는데, 그게 히트를 친 덕분에 사랑받는 막내로 첫 시작을 할 수 있었다. 그날 본부장님은 나를 두고 이렇게 말씀하셨다고 한다.

"됐네!"

내가 속한 영업전략부 교육팀은 교육 기획이 주 업무였다. 신입사원, 업무직, 영업직 등 2,500여 명의 전 직원 교육을 도맡았다. 나는 소원대로 강의를 하는 사내강사 직무도 맡았다. 회사 설립 후 두 번째 사내강사라고 했다. 회사는 유일한 사내강사를 위해 투자를 많이 했다. 역량을 키우기 위한 외부교육을 모두 지원해준 것이다. 나의 첫 '시강(시범강의)'은 영업지원본부(영업전략부, 마케팅부 등의 부서가 모인 회사의 머리에 해당함) 대상이었다. 본부장님은 물론 부사장님까지 참

석하신 자리였다. 다행히 첫 시강은 성공적이었다. 부산에서 강의 준비를 했다고 해서 데리고 왔더니, 정작 강의 경력이 하나도 없다는 사실을 아시곤 당황했던 팀장님도 웃으셨다.

그 후 신입사원 강의부터 전 지점 순회강의까지 바쁜 나날을 보냈다. 직무교육이 있는 토요일에 출근하는 일도 비일비재했지만 즐거웠다. 내가 기획한 지점 전사교육 〈CS 탐구생활〉의 호응은 좋았고, 각 지역 본부장, 영업전략본부 본부장, 부사장, 타 부서장까지 내 이름을 알게 되었다. 결국 나는 새해 사장님과의 만찬에 사원으로서는 처음으로 초청되는 쾌거를 이루었다.

그렇지만 많은 기회와 사랑을 받은 회사를 떠난 계기 역시 예기치 않게 다가왔다. 2년 후, 인사 발령을 받아 청담지점으로 출퇴근하던 어느 날, 지하철 안에서 쓰러진 것이다! 때때로 삶은 과격한 방식으로 '신호'를 준다. 다음 경기를 뛰라는 휘슬이었다.

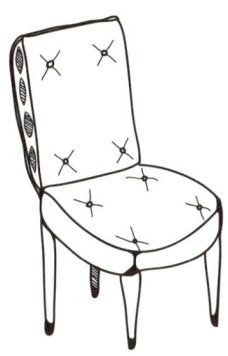

두 번의 '손님',
그리고 삶의 흐름을 생각하다

　　머리에 한 손을 대고 "아, 어지러워~"하며 폴싹 쓰러지는 연약한 여주인공은 나와 거리가 멀었다. 코피라도 나서 이렇게 열심히 일했다는 생색도 내고 싶은데 그럴 일은 전혀 없었다. 보약한 첩 없어도 감기 한 번 걸리지 않는 신체 건강한 여성이었다. 그런데 일이 벌어졌다. 어느 날 출근길, 지하철에 서 있는데 갑자기 식은 땀이 나면서 숨 쉬기가 어려웠다. 눈앞이 까매지길래 눈을 감고 심호흡을 했다.

　하지만 머리는 빙글빙글 돌고 주변 소음이 아득해지기 시작했다. 손끝부터 차가운 느낌이 들더니 머리까지 차가운 기운이 퍼졌다. 보이지도, 들리지도 않았다. 모든 것이 순식간에 일어난 일이었다. 이러다가 죽겠다 싶은 그 순간 쓰러졌나 보다. 정신을 차려 보니 노약자석에 앉아 있었고, 어느 할머니께서 "아이고, 어쩌냐"하시며 내 손을 주물러주고 계셨다.

어떻게 된 건지 영문을 몰라 어리둥절해 있는데 "아가씨 얼굴이 갑자기 새하얘지더니 쓰러졌어"라고 하신다. 노약자석에 앉아 있던 청년 하나는 미안한 눈치로 내 안색을 살피고 있었다. 점점 손끝에 피가 돌며 따뜻해짐을 느끼자 안정이 되었다. 죽을 것 같다는 공포가 휩쓸고 지나간 후였다.

퇴근 후 엄마와 통화를 하는데 갑자기 눈물이 터졌다. 그냥 서러웠다. 고등학교 이후 딸의 눈물을 처음 본 엄마는 당황한 기색이었다. 나는 가족에게 의존하는 성격이 아니다. 일의 경중에 상관없이 혼자 정하고 통보하는 식의 거의 '마이 웨이' 인생이었다. 그런데 10년 만의 눈물이라니. 심신의 상태가 정상이 아니었다. 엄마와의 꽤 긴 통화 끝에 퇴사를 고려해 보기로 했다. 지하철에서 쓰러진 후 정신을 되찾은 그 순간 이미 난 결심을 했는지 모른다. 꿈과 기회의 도시라고 여긴 서울 생활을 정리하기로. 아무 생각 없이 바다를 보고, 산책을 하고, 책을 읽고, 엄마가 해주는 밥을 먹으며, 늦잠을 자고 싶었다. 미래는 잠시 놓기로 했다.

"한 달만 더 있으면 승진 발표 날 텐데 아깝지 않니?"

"지점장님이 신경 써주셔서 이번에 승진할 텐데 조금만 더 있어봐."

"지점 생활이 안 맞는 것 같으면 차라리 다시 본사로 들어가."

퇴사 의사를 밝히니 주변에서 설득을 했다. 하지만 아무것도 내겐 중요하지 않았다. 하루라도 빨리 나가고 싶었다. 다음 계획도 없었다. 우선 쉴 때까지 쉬다가 그때 가서 뭐라도 해보자는 심산이었다. 손수 페인트칠 하며 정성스레 꾸민 내 집도 더 이상 정이 안 갔다. 에어컨, 냉장고, 세탁기, 옷장, 블라인드 등 옵션으로 포함해서 전세를 내버렸다. 물건에 대한 미련이나 소액이라도 남겨야겠다는 생각조차 들지 않았다. 나에게 비전을 심어준 서울 생활은 급속도로 정리되었다. 뒤도 돌아보지 않았다. 하루아침에 연봉 5천만 원에서 연봉 0원이 되었다.

삶의 흐름에
온전히 나를 내맡기기

낮 시간에 공원에 가서 산책을 하고, 책을 읽고, 저녁에는 친구들과 술도 마셨다. 등교와 출근의 압박이 없는 인생은 참으로 충만했다. 걸음걸이가 느려졌다. 하늘을 보고 "아, 좋다!" 내뱉는 횟수가 많아졌다. 열심히 일하기 때문에 주말이 반가운 거라고 하더니, 하루의 시간을 온전히 내 것으로 쓰는 기분도 그에 못지않았다. 서서히 몸과 마음이 살아나는 것을 느끼던 어느 날, 두 번째 '손님'이 찾아왔다. 샤워를 하는데 왼쪽 가슴에 무언가가 만져졌다. 메추리알

보다 큰 크기의 미지의 촉감. 반대쪽 가슴의 같은 위치를 아무리 짚어봐도 만져지는 건 없었다. 통증은 없었지만 크기가 꽤 컸다. 순간, 건강검진에서 유방암 검사 결과가 생각났다.

"치밀 유방이므로 정기적으로 유방암 검사를 하세요."

다음 날 바로 병원에 갔다. 엑스레이를 찍고 초음파 촬영을 했다. 두껍고 긴 바늘로 가슴을 찌르기도 했다. 의사 앞에 앉았다. 혼란스럽고도 담담한, 결코 상존할 수 없는 감정이 일었다.

"음, 종양이 있네요."

"…… 종양이요?"

"네, 크기가 5cm 정도예요. 가슴을 그만큼 찢어서 들어낼 수밖에 없을 것 같습니다."

"그럼 5cm의 흉터가 생기는 건가요?"

"그렇죠, 조직검사 결과는 다음 번 내원하실 때 들으세요."

"……."

대합실로 나오자마자 울음을 주체할 수 없었다. 5cm의 종양이란 대체 무엇일까? 5cm의 흉터가 내 몸의 일부가 되는 것일까? 그 빈 공간만큼 가슴이 꺼진다는데 어떻게 되는 것일까? 아, 오늘 하늘은 엄청 푸르고 맑구나. 빨리 집에 가고 싶다.

조직검사 결과, 다행히 악성이 아니었다. 하지만 진짜 암세포가 생겼을 경우를 대비하여 의사는 수술을 권했다. 큰 크기의 종양 때문에 암세포를 가릴 수 있다는 것이다. 하지만 나는 추적 검사를 하며 지켜보기로 했다. 자연 치유로 종양이 사라지지 않을까 궁금했기 때문이다.

자연 치유에 대해 맹렬히 자료 검색을 했다. 눈길을 끄는 건강식품이 있었다. 꽃송이버섯과 현미를 발효한 효소였다. 이걸 먹고 건강을 되찾았다는 사례가 꽤나 많았다. 그중에는 유방종양, 유방암 환자들도 있었다. 밤을 꼴딱 새며 체험 후기를 읽고선 마음먹었다. 이것으로 내 건강도 되찾고 돈도 벌겠다고. 나의 종양이 오히려 기회라는 데 생각이 미쳤다. 나를 실험체로 써서 돈 많이 벌라는 하늘의 뜻인가? 가슴이 두근거렸다. 심장이 뛰어 잠을 청할 수가 없었다. 아침이 되자마자 생산자에게 연락을 했다. 이 제품을 팔고 싶다는 뜻을 밝혔다. 화려한 인생 2막이 눈앞에 펼쳐진 기분이었다!

계획대로라면 약 3일 후 부산으로 내려가는 일정이었다. 하지만 효소 농장과 왕래하려면 서울에 머물러야 했다. 살고 있던 집은 전세 계약이 된 터였다. 당장 3일 후 집을 비워줘야 하는데 갈 곳이 없었다. 고시원, 원룸텔부터 시작하여 닥치는 대로 거주할 곳을 찾았다. 마침내 '쉐어하우스'를 발견했다. 바로 찾아가서 집을 둘러보고 그 자리에서 계약을 했다. 이미 살고 있는 하우스 메이트가 3명이었다. 부엌은 공용으로, 방은 각자 하나씩 쓰는 공간. 계약은 1년이었다. 그 전에 독립하겠다고 속으로 다짐했다.

침대와 소파, 책상이 들어가니 꽉 찼다. 짐 박스들은 테이프도 뜯지 못한 채 베란다에 쌓아두었다. 그래도 공간이 모자랐다. 가진 것들을 과감히 버렸다. 몇 년 동안 애지중지 했던 옷가지들, 책, 소품, 자잘한 생활용품까지 다 버렸다. 딱 필요한 것들만 남은 셈이다. 없으면 불편할 것 같아서 못 버린 물건들. 혹시라도 필요할 것 같아서 꾸역꾸역 싣고 다닌 짐. 다 착각이자 기우였다. 가진 것이 없으니 홀가분했다. '단칸방'에는 최소한의 짐과 나, 그리고 강아지뿐이었다. 7년을 함께 한 강아지를 끌어안으며 밤마다 속삭였다.

"탑, 우리 다시 둘만 지낼 수 있는 집으로 가자. 갑갑해도 조금만 더 참아."

삶의 흐름이 춤추는 대로

5년 만의 전화,
의미 있는 '접속'을 즐기다

        다행히 사업은 괜찮았다. 처음에는 하루 매출이 20만 원이었다. 매출 50만 원을 찍던 날, 빳빳한 수표로 바꿔왔다. 아빠에게 쓴 편지와 함께 봉투에 넣어두었다. 다음 날도 매출 50만 원을 찍었다. 엄마에게 편지를 쓰고 마찬가지로 수표를 봉투에 넣었다. 딸내미가 계획도 없이 회사를 그만 두었는데 별 말씀 안 하신 분들이다. 앞으로 걱정 마시라는 의미로 준비한 나름의 감사 표시였다. 마음이 이상했다.

  매출은 들쑥날쑥하여 공을 치는 날도 많았다. 2~3개월이 지나자 하루 매출이 꾸준하게 나오기 시작했다. 팔기 위해 작정할 때는 안 팔렸다. 문의 고객의 이야기를 들어주니 판매로 이어졌다. 처음 보는 내게 하소연을 하고 감정이 격해져 우는 분도 있었다. 이런저런 곳에 돈을 많이 썼지만 효과를 못 본 경우도 많았다. 그동안의 이야기가 산보 따리인 분들이었다. 상담이 길어지면 1시간이었다. 아침 7시에 전화 벨 소리로 하루를 시작하고, 잠자리에 들려고 하는 밤 11시에도 전화 가 왔다.

제품은 금세 입소문을 통해 퍼졌다. 공중파를 비롯한 매스컴에도 소개가 되었다. 화장실을 갈 수 없을 정도였다. 종일 전화기에만 매달 렸다. 지금은 신랑이 된 남자 친구와 데이트를 할 때도 전화기를 놓을 수 없었다. 연달아서 전화벨이 울리고 캐치콜(통화 중 부재) 뜨는 것의 반복이었다. 남자 친구와 함께 있는데도, 함께할 수 없는 상황. 퇴근 과 주말의 개념도 없었다. '내'가 사라진 느낌이었다. 내 몸과 마음을 챙기기 위해 퇴사한 건데 말이다.

세상에 공짜는 없었다. 시간이 금이라더니, 금을 얻기 위해서는 시 간을 포기해야 했던 것이다. 같이 일하던 동료가 투자를 받아오면서 더더욱 위기감을 느꼈다. 다들 박수 치며 기뻐하는데 나는 그러지 못 했다. 이제 마무리 지을 시간이라고 생각했다. 사업이 더 커질수록 거 기 매몰될 것이 뻔했다. 이젠 타인의 삶까지 책임져야 할 판이었다.

결국 사업 일체를 넘겨주기로 했다. 그 과정에서 잡음이 생겼다. 나 와 직원들 사이에서 동료가 이간질한 사실이 드러난 것이다. 그 동료 없이 직원들과 있던 자리에서 우연히 밝혀진 사태였다. 단순한 이간 질이라 하기엔 정도가 심했다. 직원들과 이야기를 하면 할수록 입을 다물 수가 없었다. 중국 출장에서 돌아온 동료의 눈을 마주칠 수가 없었다. 엄청난 실망과 배신감이 몰려왔다.

그 즈음 뜻밖의 전화를 받았다. 부산에서 강사 과정을 함께 수강한 유민서였다. 실제 만남은 두세 번이 다일뿐더러, 내가 서울로 온 이후 아예 교류가 없었다. 5년만의 전화였다. 약간은 어색한 듯 통화를 이어갔다. 그녀는 강사이자 컨설턴트로 부산에서 활발한 활동을 하고 있었다. 대학교 취업 캠프의 면접 컨설팅 의뢰 때문에 전화했다고 한다. 1년 만의 강의라니. 잠깐 고민하고 수락했다. 그제야 제자리로 돌아간 기분이었다.

취업 프로그램에서 만난 대학생들은 대견하고도 귀여웠다. 겉모습은 성인인데 말하는 것을 들어보면 웃음이 터질 정도로 귀여웠다. 준비해간 강의안과 달리 현장에서 친구들과 실시간 대화를 했다. 질문이 나오면 다 함께 생각해 보고 자유롭게 의견을 말하도록 했다. 모의 면접에서도 나 혼자 컨설팅을 하지 않고 함께 참관했던 지원자들의 피드백을 모두 듣는 시간을 가졌다. 6시간이 훌쩍 지나갔다. 오랜만에 청춘들과 함께하니 그들로부터 받은 기와 에너지가 엄청났다. 학생들의 피드백이 좋아 학교에서 다시 불러주었다. 이것을 계기로 꾸준히 출강을 나가게 되었다. 아무 밑천도 없이 몸뚱어리 하나로 다시 시작한 것이다. 화려한 간판도, 엄청난 후광 효과도, 든든한 '빽'도 없었다. 그냥 나로서 세상에 서게 되었다.

'빨리 피는 꽃이 빨리 진다'는
삶의 진리를 깨닫다

　　　　　　나는 성격이 급하다. 조급증도 심했다. 취업 준비생일 때는 그 조급증이 극에 달했다. 겨우 24살이었는데. 빨리 취직해야 한다는 압박감에 매일 동네 뒷산으로 등산을 갔다. 해소되지 않을 때는 혼자 포장마차에 가기도 했다. 왜 그렇게 '빨리, 빨리'를 외쳤을까? 그때는 몰랐다. '빨리 피는 꽃이 빨리 진다'는 것을. 친한 친구 두 명이 유럽 여행을 함께 떠나자고 권했으나 거절했다. '취준생'이 유럽 여행이라니 웬 말인가 싶었다. 친구들은 42일 간의 유럽오토여행을 떠났다. 24살에 취업한 나나, 26살에 일을 시작한 친구나 지금 보면 별 다를 게 없다. 결국 사람 사는 속도는 비슷해지는 것 같다. 더군다나 그녀들에겐 '친구와 지지고 볶은 유럽 여행'이라는 진한 추억이 남았다.

　행복의 요건이라 부르는 것들을 잡으려 할수록 행복은 밀려났다. 허들 넘기 같았다. 삶은 내게 잠시 쉬어가라는 의미에서 '두 가지 손님'을 보냈다. 하지만 그 신호를 제대로 읽지 못한 채 엉뚱한 방향으로 가버렸다. 우리나라에서 출발한 파리행 비행기가 1도만 바뀌면 어디에 도착할까? 모스크바다. 이럴 때 우리를 다시 안내해 주는 것이 삶의 흐름이다. 아무리 길을 헤매도 큰 줄기를 따라 다시 원점으로 돌아올 수 있다. 빈털터리가 되어도, 마음이 다 망가져도 삶은 나를 그저 데려다 놓는다. 다시 시작할 수 있는 그 자리에.

5년 만에 전화를 한 유민서는 삶의 손길이었다. 5년 전 학원 수업을 겨우 두 번 들었을 때, 서울 발령이 났다. 서로의 이름을 알자마자 떠나게 된 거다. 이제 평생 볼 일이 없을 줄 알았다. 그럴 줄 알았던 아주 작은 점이 천천히 내게로 오고 있었다.

우리는 은연중에 실수를 저지른다. '나에게 도움이 될 사람', '아닌 사람'을 내심 판단한다. 우주적 관점에서 보면 수많은 '선(線)'이 얽혀 있는데 눈앞의 이익만 좇는 거다. 그렇게 '작은 눈'으로 추려내서 성공한 확률이 얼마나 될까? 이상한 허풍을 떠들어댄 사업 동료가 커다란 점인 줄 알았던 때가 있었다. 반면, 유민서라는 친구는 그 반대다. 우주 어딘가에 찍혀 있었을 작은 점, 나와 접속한 지 벌써 4년째다. 먼지보다 작은 크기였는데, 지금은 무엇보다 큰 점으로 확장되고 있다. 매일 통화하는 사이가 된 것은 물론, 영성에 대해 나눌 수 있는 유일한 친구이다. 삶의 방향에 대해 함께 고민하고 다독이고 다시 힘을 낸다.

며칠 전, 이 친구에게 노란 봉투를 건넸다. 5년 전, 먼저 전화해 주어 고맙다는 땡큐 레터. 며칠 후 땡큐 레터가 예쁜 그림엽서로 돌아왔다. 거기엔 이렇게 적혀 있었다.

'너는 먼저 연락해 줘서 고맙다고 하지만, 나는 내 연락을 흔쾌히 받아준 너에게 더 감사한단다.'

강의는 또 어떠한가. 내 인생의 단단한 발판이 되어 준 존재이다.

오히려 내가 배우고 깨우치는 시간이지 않은가. 교육생의 에너지를 흠뻑 받고 왔다가도, 또 어느 날은 오히려 에너지를 뺏기고 오기도 한다. 에너지를 주고받는 느낌을 오롯이 느낄 수 있는 일이다.

강의도 하나의 생명체 같다. 모든 직업이 그렇듯 강의라는 일에도 리듬이 있다. 강의를 하기 싫을 때가 가끔 찾아온다. 슬럼프다. '이 돈 받고 거기까지 가야 해?'라는 얄팍한 마음이 들 때도 있다. 그럴 땐 꼭 좋은 청중을 만난다. 눈빛 하나, 웃음 하나가 주는 에너지는 어떤 비타민 주사보다 강력하다. 이럴 땐 나도 모르게 쉬는 시간 없이 두 시간 연강을 한다. 6시간짜리 강의가 끝나도 에너지가 남아돌아 어쩔 줄 모른다. 그 짧은 순간에 교육생과 정이 너무 들어서 발걸음 떼기도 힘들다. 집으로 돌아오는 길, 흥분에 가득 차서 신랑에게 전화한다.

"오늘 강의 진짜 최고였어! 돈 보고 일하지 마라는 말을 조금 알 것 같아! 소주 한잔할 준비하고 기다려!"

새로운 길을 가야 할 때 강의가 내 곁에 꼭 있었다. 서울 갈 때 그랬고, 세일즈를 그만 두고 반백수가 되었을 때 그랬다. 강의는 단순한 밥벌이가 아니었다. 베이스캠프에서 잠시 쉬며 숨을 고르듯, 내 길을 돌아보게 해주는 자기 성찰 도구였다.

'충청도의 힘'으로
나와 마주하다

　　　　　충북에 온 이후 고독과 부쩍 친해졌다. 나 홀로 밥 먹고, 도서관 가고, 장을 보는 것이 참 평화롭다. 타인의 시간과 기분에 맞추지 않아도 되는 삶. 잠깐 동네 친구를 사귄 적도 있었다. 그러나 내 '리듬'에 맞는 생활을 할 수 없어서 이내 소원해졌다.

　애초부터 개인주의자(?)는 아니었다. 고등학생 때부터 다양한 동호회 활동을 했다. 새로운 만남에 거부감이 없었다. 친구들은 아는 이 하나 없는 낯선 모임에 혼자 턱, 턱 잘 나가는 나를 신기하게 보았다.

　회사 다닐 때엔 친해지고 싶은 다른 부서장에게 점심 먹자는 말을 먼저 하기도 했다. 나는 겨우 20대 중반의 사원이었다. 조직도로 치면 제일 아래에 있는 계급이 제일 꼭대기 계급에게 "저 좀 보실래요?" 한 셈이다. 당당함을 가장한 당돌함 덕에 윗분들은 나를 예뻐하셨다.

내가 낄 자리가 아닌 데도 불러주시기도 했다. 어떤 목적이 있다기보다는 윗분들의 공기가 궁금했던 것 같다. 또래와 하는 이야기보다 훨씬 재미있었으니까. 한번은 당시 강남 본부장님이 회식 자리에 나를 초청한 적이 있다. 자리 중간에 걸려온 전화를 본부장님이 받았는데 "예, 사장님"이라는 소리가 내 귀에 꽂혔다. 그날 나는 생각했다.

'한 다리만 건너면 사장님이야? 대박이다.'

한편, 나는 7대 증권사 주니어 모임 'HRDog'를 만들기도 했다. HRD(인적자원개발)부, 인사부 대리급 이하 직급을 모은 모임이었는데, HRD + DOG의 합성어였다. 술로 뭉친 젊은 인재들이니만큼 정보 교류도 잘되었음을 강조한다.

인연 맺는 것에 재능 아닌 재능을 보였던 나도, 가끔 칩거(?)하는 시간이 있었다. 그때는 오롯이 혼자였다. 지금 유행하는 '혼밥', '혼술'을 그때 나는 이미 완성했다. 혼자 영화관에 가서 영화 두 편을 보기도 하고, 식당에서 혼자 소주를 마시기도 했다. 지나가다 들린 전집, 단골이던 참치 집, 일반 술집, 포장마차, 해장국집, 가리지 않았다. 혼자 술을 마시는 시간이 좋았다. 다른 사람의 이야기를 들어주지 않아도 되고, 굳이 내가 말을 할 필요도 없었다. 타인과의 대화는 공백이 존재하면 불편하지만, 혼자의 시간은 공백으로만 채워져도 괜찮았다.

고독은 그냥 말없이 혼자 나와 술 마시는 기분이다.
고독은 외롭지 않은 사람만이 할 수 있다.
외로운 사람은 셋이 마셔도 외롭지만
외롭지 않은 사람은 홀로라도 풍족하다.

- 2012년 일기장 중에서

외부와의 접속도 즐겼지만, 이때부터 '고독'은 이미 내 안에 자리 잡고 있었나 보다. 시간이 지날수록 점점 내가 만나는 지인들의 범위는 좁아졌다. 동시에 깊어졌다. 충북에 오고 나선 돌아다니는 범위마저 더 좁아졌다. 새로운 어떤 것이 무엇이든 더 이상 내 인생에 끼어들지 않았으면 좋겠다는 듯이.

아이 어린이집 하원 시간이면 아파트 놀이터에 엄마들이 가득하다. 누군가와 연결되지 않으면 불안하던 내가 있었다. 어딘가에 속하지 않으면 불안했던 날들이 있었다. 연결성과 집단성을 갈망하던 나. 외톨이가 되지 않으려고 심호흡 한번 하고 입꼬리를 올린 후 똑똑 노크하던 나. 엄마들 모임의 단체 카톡방에 초대되면 안심하던 나. 그리고 의미 없는 이모티콘과 'ㅋㅋㅋ'를 날리던 나. 그런 내가 무리에 속하지 않아도 의연하게 된 건 언제부터일까?

이 동네는 대형 마트도, 백화점도 없다. 친구도, 가족도 없다. 신랑은 회사를 가고, 아이는 어린이집에 간다. 그럼 이 충청도에, 그야말로 나 혼자 뚝 떨어진 섬이 된다. 섬의 친구가 되어준 것은 책이었다. 내가 원할 땐 언제든 접속할 수 있고, 원치 않을 땐 책장을 덮으면 끝이다. 끝까지 다 읽지 못해도 투덜대지 않고 기다려주는 친구다. 시간이 지난 후 다시 만나면 또 다른 모습으로 다가오는 팔색조이기도 하다. 도서관에 가는 날이 잦아질수록 나는 생각한다. 혼자라서 다행이라고.

한 발자국 떨어져서 보면
비로소 보인다

　　모든 사람은 내향적 에너지와 외향적 에너지가 공존한다. 상황에 따라 에너지가 변동한다. 대개 "저 인간은 외향적이야", "저 인간은 내성적이야" 구분하는 것은 이분법적인 사고이다. 많은 사람 앞에서 강의를 하는 내가 "나 낯가려" 하면 친구들은 어이없어 한다. 얼마 전 TV에 나온 가수 솔비도 그랬다.

"저, 낯 가려요."

MC들은 야유를 보냈지만, 나는 솔비를 알 것 같다. 그러니 그림을 그리는 거겠지. 그녀는 고독하지 않으면 안 되는 존재, 화가이기도 하니 말이다.

고독과 외로움은 한 끗 차이다. 나 자신과 친한가, 친하지 못한가.

서른이 넘어서야 '나'와 이제 조금 친해졌다. 햇수로는 4년째다. 충북으로 온 햇수와 같다. 내적 에너지에 집중할 수 있는 환경 덕분이다. 혼자 있으면 그저 '심심하다, 할 것 없나, 누구 만날까' 뒹굴뒹굴하던 나였다. 그런데 책을 읽으니 생각을 하게 되고, 생각을 하니 글을 쓰고 싶어지고, 글을 쓰니 비로소 내가 조금씩 보였다. '나와 친한 정도'를 자아 존중감, 내적 자아감 등으로 부르기도 한다. 이 '지수'를 측정할 수 있는 손쉬운 방법이 하나 있다. 혼자 술을 마셔보는 거다. 고독한 사람은 웃지만, 외로운 사람은 운다.

충북엔 신랑 따라 내려왔다. 신랑의 본가는 서울이지만 직장이 충북이다. 주말마다 서울에서 만나다가 결혼을 하면서 충북에 터전을 잡았다.

우리가 처음 만난 곳은 동네 술집이었다. 막 여름이 시작되는 2013년 6월의 어느 날. 얼큰하게 취해 갈 무렵, 갑자기 웬 남자가 활짝 웃으며 다가왔다. 종업원인가? 문 닫을 시간이라고 알려 주려나 보다. 그런데 남자의 미소가 너무나 환하여 영문도 모른 채 덩달아 따라 웃어 버렸다. 그때 무언가를 주는 남자. 휴지 조각이었다. 휴지 조각에는 이름, 연락처, 직업, 사는 곳이 적혀 있었다.

'인생 계획(Life Plan)'에 결혼 따위 존재하지 않았던 두 남녀는 3개월 만에 결혼 약속을 하고, 6개월 후 결혼을 했다. 우리의 첫 시작은 충북 오창이었다. 북한의 어느 산골짝 마을만큼이나 듣도 보도 못한 소도시, 오창. 오창의 첫 인상은 마음에 쏙 들었다. 넓고 깔끔한 도로,

예쁜 호수공원, 차로 5분 거리에 모든 것이 가능한 인프라. 작지만 있을 건 다 있는 깔끔하면서도 알찬 곳이었다.

우리 집은 상업 지역과 멀찍이 떨어진 전원주택지에 지어진 빌라였다. 각종 편의시설보다 산과 더 가까웠다. 유럽풍의 깔끔한 외관과 하얀색 꽃이 피는 가로수가 어우러진 풍경. 4차선의 넓은 도로인데도 차가 없이 한적한 곳. 노란색 가로등이 이어진 길을 따라 올라오다 보면 순간 공기가 변하는 지점이 있다. 마치 투명한 벽이 있듯이. 그 지점을 통과하는 순간 공기가 차가워진다. 그리고 맑아진다. 우리는 공기가 변하는 그 순간 누가 먼저랄 것 없이 한껏 숨을 들이마셨다. 가슴속이 다 청소되는 느낌이었다.

햇볕이 좋은 날엔, 빌라 앞 나무에 빨랫줄을 걸었다. 하얀 이불보가 햇볕을 받으며 바람에 살랑거리는 모습은 보기만 해도 행복했다. 신랑은 특히나 이 풍경을 사랑했다.

여기서부터였다. 나의 마음과 정신이 서서히 정화된 시점이.

지금도 친구들은 묻는다. 언제 다시 올라올 거냐고. 그때마다 나는 단호하게 말한다. 우리 가족이 서울로 갈 일은 아마도 없을 거라고. 온갖 문명의 혜택이 집중된 곳, 서울. 의식 수준이 지방과 몇 년 차이는 나는 것 같은 서울. 큰 크기만큼 큰 고기로 클 가능성이 많은 서울. 하지만 내게는 많은 것이 비정상으로 보이는 서울. 한 발자국 떨어져서 보니 비로소 보인다.

많이 부족하고 많이 느리지만 이만한 속도로 살 수 있는 이곳이 좋다. 나와 교육 철학이 비슷한 엄마들을 종종 만난다. 좋은 학군 대신 작은 시골 학교를 찾고, 흙과 꽃을 가까이 두고픈 엄마들. 아이는 날아가는 새를 보고 반가워하고, 흙 놀이를 가장 좋아한다. 길가에 핀 꽃이 예쁘다고 쓰다듬는다. 아이가 경쟁이나 시험과 만나는 시간은 최대한 미루고 싶다. 대도시와 떨어진 구석으로 숨어들 수밖에 없다. 도시인의 기준에서 보면 어설픈 이 동네를 떠날 수가 없다. 이곳이야말로 별나라다. 삶의 방향을 알려주는 별이 가득한 별세계.

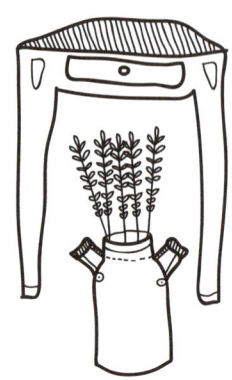

부모님의 삶은
내게 아픈 점이다

"내가 엄마 때문에! 내가 너 때문에!"

"뭐? 너?"

"그래, 너! 시발!"

패륜아가 되었다. 친구들과 기분 좋게 한잔하고 엄마 집으로 온 후였다. 오랜만에 청사포 앞바다를 보며 조개구이를 먹었다. 친구들과 웃으면서 헤어졌는데 어느 순간 대성통곡을 하며 울고 있었다. 좀 많이 마시긴 했다. 잠깐 정신이 돌아왔을 땐 악을 지르며 울고 있었다. 엄마를 향해! 그전까지 일이 어떻게 전개되었는지 모른다. 혼이 빠져 나갔다고 할 수밖에 없다. 술 때문에 의식을 놓은 순간, 무의식이란 놈이 수면 위로 드러나 활개를 친 것이다.

부모님은 부부싸움을 거의 매일 하셨다. 처음부터 그런 건 아니었다. 가족 앨범을 보면 중학교 때까진 가족 여행을 자주 간 모습이다. 다 함께 어울린 집안 행사 사진도 많다. 중학교 졸업식 사진에도 엄마, 아빠와 함께 서 있다. 고등학교 때부터 살 떨리는 집안 분위기가 시작되었던 것 같다. 집에 엄마나 아빠 두 분 중 혼자만 계시면 괜찮았다. 하지만 현관문 열리는 소리가 나는 순간 내 심장은 저절로 요동쳤다. 반사적이었다. 생각이나 마음보다, 신체가 먼저 반응하는 거다. 두려움을 느끼는 세포 하나하나가 일어났다. 본능만 살아 있는 동물처럼.

두 분이 한 집에 있는 게 두려웠다. 부부싸움은 밤새 지속되었다. 그럴 때면 나는 방 안에서 한 발자국도 나가지 않았다. 분명 집 안엔 어린 동생들도 있었을 텐데 내 기억엔 없다. 동생들이 어디 있었는지, 어떤 상태였는지. 난 이때 단단한 번데기 속에 있었던 것 같다.

아빠가 술 마시고 들어오는 날이면 종종 난감했다. 아빠가 나한테 기대어 많이 우셨기 때문이다. 어른이, 그것도 아빠가, 한 집안의 가장이 우는 모습은 내게 많이 낯설었다. 안아 주지도, 그렇다고 내치지도 못한 어정쩡한 상태로 아빠의 울음이 그칠 때까지 마냥 기다렸다.

하루는 방 안에 있는데 닫힌 방문 사이로 흐느끼는 소리가 새어 들어왔다. 아빠는 외출하고 엄마만 집에 있던 낮이었다. 엄마의 울음소리였다. 하지만 나갈 수가 없었다. 모른 체 하고 싶었고 그래야 할 것 같았다. 지금도 궁금하다. 그때 문을 열고 나가야 했을까? 엄마는 무엇을 원했을까.

그렇게 부모님의 고함, 눈물, 울음을 보며 고등학교 1년을 보냈다. 중학교 때 반에서 3등 안에 들었던 등수는 꼴찌 앞잡이까지 떨어졌다. 고등학교 입학시험은 전교 30등으로 들어왔는데, 전교 300등 언저리에서 놀게 됐다.

어느 날, 아빠가 나를 불렀다. 엄마를 위한 꽃바구니를 준비할 건데 함께 줄 편지를 쓰라고 했다. 어린 마음에도 눈치를 챘다.

'두 분 갈 때까지 갔구나. 아마 이혼 이야기가 오갔겠지.'

내가 써야 하는 편지 내용은 명확했다. 우리 삼남매를 봐서라도 두 분 화해하시고…… 하는 내용. 하지만 나는 반대로 썼다. 엄마 인생 찾아 떠나라고. 부모님이 싸우는 게 지긋지긋했다. 차라리 이혼하면 좋겠다는 생각이었다. 아빠는 다시 쓰라고 권했지만 나는 거절했다.

봉인되어 있던
상처 받은 영혼이 깨어나다

집 앞 'JEEP'라는 카페였다. 아빠 옆에 남동생이, 맞은편에 나와 여동생이 앉았다. 아빠는 어렵게 입을 열었다.

"아빠, 엄마가 헤어지게 됐다."

오며가며 보기만 했던 카페에 처음 들어온 날, 들은 이야기였다. 우리 셋 다 미동도 하지 않았다. 아무 말도 없었다. 울지도 않았다. 내가

18살, 여동생이 14살, 남동생이 12살, 부모님은 헤어지셨다.

지독한 사춘기를 거치는 동안 동생들은 나 몰라라 했다. 맏이로서의 역할은 전혀 없었다. 동생들의 마음은 어떤지, 학교생활은 괜찮은지, 물어 보지 않았다. 그런 걸 챙겨야 하는지 몰랐기 때문이다. 여동생은 중학교 때 전교 2등까지 한 수재였다. 치과 의사가 꿈이었는데, 지금은 거의 '히피'가 되어 해외를 떠돌아다니고 있다. 잘 다니던 은행을 그만두고 백수가 되더니, 아르바이트 두 달 하고 산티아고로 떠났다. 시커멓게 돼서 돌아와 또 두 달 아르바이트 하더니 미국으로 떠났다. 왠지 한비야가 될 것 같은 느낌이다. 여동생의 삶은 건강한 민낯처럼 보인다.

남동생 역시 자기 한 몸 잘 건사하고 있다. 6살이나 차이가 나서 마냥 철없는 막둥이인 줄 알았는데 최근에 놀랐다. 남동생이 이직하는 과정에서 몇 번 대화를 나누었는데, 생각 이상으로 속이 깊었다. 내 동생이라고 너무 띄엄띄엄 봤구나 싶었다. 신랑이 남동생을 칭찬하는 이유를 이제야 안 것이다. 큰 누나라고 있는 게 케어도 제대로 못 해 줬다. 그런데도 자기 인생 잘 꾸리는 동생에게 너무 고맙고 감사하다.

아무리 이혼율 50% 시대라지만 '이혼 가정'에 대한 이미지가 있나 보다. 우리 삼남매 모두 "부모님이 이혼한 집처럼 안 보여"라는 말을 많이 듣곤 했다. 친한 친구들이 악의 없이 한 말이다. 독립심, 자립심 등이 강해서 사회생활을 잘 해내기도 한다. 인생 모든 선택의 순간을 나 혼자 하면서 자라는 동안 내적 힘이 강해졌나 보다. 그래서인지 주변인의 카운슬러를 도맡기도 한다.

문제는 결혼 생활이었다. 가정에서 받은 상처가 가정 안에서 터지는 것이다. 마치 봉인되어 있던 상처받은 영혼이 당시와 비슷한 환경이 갖추어지니 각성하여 깨어난 것 같았다. 부부싸움은 치열했다. 우리 웨딩 액자도 깨지고 라디오도 박살났다. 이혼 이야기가 한 세 번은 나왔던 것 같다. 이혼 이야기가 자주 나오니 나중엔 덤덤했다. 정말로 혼자 살 집을 알아보기도 했다. 너무 답답한 마음에 부부 상담 센터를 알아보거나 관련 책도 읽었다. 하지만 나아지는 게 없었다.

부부싸움이 잦아질수록 남편의 권위는 떨어지고, 권위가 떨어지니 만만해 보이는 악순환이었다. 이때 처음으로 부모님 원망을 했다. 이상적인 부부의 롤 모델이 없어서 내 결혼 생활이 힘든 거라고 생각했다. 보고 자란 게 있으면 자연스레 내면화가 될 텐데, 기억에 남는 거라곤 소리 지르고 싸운 모습밖에 없으니까. 하지만 가벼운 원망 수준이라고 생각했다. 그런데 내 무의식이 이 정도의 '분노'로 가득 차 있을 줄이야!

거의 짐승 같은 나의 모습은 통제 불가였다. 드문드문 기억나는 건 여동생이 왔다는 것, 방 안에서 울다가 거실을 향해 "내 아들 내놔!"라고 소리 질렀다는 것, 건네진 아들을 안고 한참 울다 잠들었다는 것 정도. 다음 날 여동생이 어제 기억나느냐 물었지만 기억하고 싶지 않았다. 듣고 싶지도 않았다. 내가 미친년이구나 싶었다. 여동생 말로는, 어제 엄마도 울었다고 한다. 출근했던 엄마는 잠시 점심시간에 들러서는 냉면 한 그릇 말아주고 나가셨다. 그날 엄마는 회사 회식을 하고 밤늦게 들어왔다. 찍 소리 안 하고 방에 있는데, 엄마 방에서 울음소리가 들려왔다. 일 났다 싶어 얼른 안방으로 건너갔다. 엄마는 옷도 채 못 벗고 엎드려 울고 있었다. 덩달아 울음이 터진 나는 "엄마, 미안해요"라고 말하면서 끌어안았다. 술과 눈물에 취한 엄마는 중얼거렸다.

"엄마가…… 엄마도 이렇게 살고 싶은 줄 아니…… 엄마가 얼마나 하고 싶은 게 많은데…… 너희는 엄마가 잘사는 것처럼 보이겠지만, 너희 삼남매 잠깐 만나고 내려다주고 오는 차 안에서 얼마나 많이 울었는지 아니?"

그렇게 엄마와 나는 부둥켜안고 한참을 울었다. 엄마와 통화를 한 여동생도 많이 울었다고 한다.

엄마도 나만큼
꿈이 많았을 텐데

엄마는 이혼 후, 완벽한 인생을 사는 것 같았다. 좋아하는 산에도 자유롭게 가고, 로키 산맥 트래킹도 다녀왔다. 해외여행도 이따금 갔다. 서재 가득 쌓인 책을 읽으며 공부하고, 명상도 하고, 인도에도 다녀왔다. 집은 점점 커졌고, 엄마 옷장은 다 브랜드 옷이었다. 엄마는 점점 성장하는데, 아빠는 그대로인 듯 보였다. 이혼했을 당시의 아파트, 차, 가구, 벽지, 이불 모두가 제자리였다. 나는 종종 친구들에게 말했다.

"이혼하면 여자는 좋은데, 남자는 영 손해야. 나이 들어갈수록 짠해지더라고."

부산에 내려가면 엄마 집부터 들렀다. 아무래도 엄마 손길을 탄 살림이다 보니 모든 것이 깔끔하고 쾌적했다. 그런데 유독 남동생은 엄마 집에도 잘 안 오고, 잠은 무조건 본가에서 잤다. 아빠를 혼자 두면 안 된다는 듯이. 어느 날 술자리에서 남동생에게 물었다.

"그때 이혼 이야기 들었을 때 기분이 어땠어?"

난생 처음 묻는 질문이었다. 남동생은 대답했다.

"기분 더러웠지."

내가 농담조로 말했다.

"아빠는 우리 세 명 등록금 다 내주고 모두 키워줬는데, 좀 크니까 다 엄마 찾아 가네."

남동생은 짧게 대답했다.

"그러니까."

남동생의 속내를 조금 알 수 있는 시간이었다. 사실 남동생뿐 아니라 우리 삼남매에게 엄마, 아빠 이미지가 그랬다. 엄마는 잘살고 있고, 아빠는 챙겨야 하는.

그런데 15년 만에 들은 엄마의 울음은 다른 말을 하고 있었다. 나는 엄마를 그대로 빼닮았다. 재능도, 외모도, 성격도, 목소리도. 내가 엄마라면 어땠을까. 남편과 헤어지는 것은 그렇다 쳐도, 세 명의 아이들과 평생 떨어져 지내야 한다면. 엄마도 나만큼 꿈이 많았을 텐데, 본인뿐 아니라 외할머니까지 부양하느라 쉴 수가 없다. 그 꿈들은 한 해, 두 해 지날수록 하나씩, 둘씩 스러져간다. 엄마는 가끔 말씀하셨다.

"외할머니 돌아가시면, 다 정리해서 시골에 들어갈 거야."

엄마도 '엄마'였다. 이제야 엄마의 삶을 조금 추측할 수 있었다. 허하고 괴로웠던 거다. 그것을 채우려고 명상을 하고, 영성 공부를 하며, 그게 어느새 20년이 넘은 것이다.

우리 부부는 4년차 되니 안정권에 접어들었다. 가끔 부부싸움을 하지만 다음 날이 되면 아무 일도 없었던 듯, 평범한 일상이 이어진다. 부모님의 삶은 내게 아픈 점이다. 너무나 큰데 울퉁불퉁하기까지 하다. 저 멀리 떠 있던 점이 가까이 다가왔을 때 나는 너무 아파서 소리를 질렀다. 하지만 그로 인해 치유도 일어났다. 피가 나야 딱지가 앉고, 딱지를 놔두면 새 살이 돋듯이.

100만 원 짜리 기도가
나의 우주를 뒤집어 놓다

　　33번째 생일, 친구들이 한자리에 모였다. 술자리가 무르익어갈 즈음, 숨겨온 나의 과거를 밝혔다. 작년 가을에 있었던 일. 그 누구도 모르는 일. 과거가 되었기에 밝힐 수 있는 일.

　친구 하나는 "하, 참!" 하는 눈빛으로 한쪽 입꼬리를 올렸다.

　친구 하나는 "그건, 원래 네가 운이 좋아서 그런 거야"하며 혼자 주억거렸다.

　친구 하나는 다른 '있어 보이는 글' 말고 이런 걸 쓰라고 했다. 이게 진짜 재밌는 거라며.

　낯선 사람에겐 문도 안 열어주는데 그날은 이상했다. "쌀 한 되만 주세요"라는 말에 마음이 약해진 것이다. 쌀은 곧 밥 아닌가. 굶길 수는 없단 생각이 들었다. 빠끔, 현관문을 여니 여자가 서 있었다.

"쌀 한 되면 되나요?"

"네, 감사합니다."

서너 되는 퍼서 드렸다.

"아유, 고맙습니다. 그런데 여기 분이세요?"

여자는 내게 말을 붙였다. 수더분한 인상에 스스럼없이 나도 말을 받았다. 그렇게 시작된 이야기는 내 관상, 내 운세까지로 이어졌다. 여자는 말했다.

"아이 사주가 참 좋네요. 저보다 공부를 더 많이 하신 선생님이 계세요. 괜찮으면 만나 보시겠어요?"

다음 날, 두 명의 여자가 찾아왔다. 이런저런 이야기 끝에 '한 번은 정성을 드리는 게 좋다'고 한다.

"정성이 뭐예요?"

내가 물었다.

"신에게 소원을 비는 거예요. 며느리가 평생 한 번은 정성 드리는 게 좋아요. 양쪽 집안 대표로요."

이 말에 혹한 이유는 나의 전적에 있다. 점집에 갈 때마다 기도를 열심히 하라는 말을 들었기 때문이다. 기도를 열심히 해야 조상들의 업이 풀린다나? 기도란 나에게 낯설고 먼 존재였다. 하는 방법도, 의미도 몰랐으며, 당위성도 내겐 부족했다. 동시에 마음속의 숙제 같은 존재로 남아 있기도 했다. 어딜 가도 기도를 열심히 하라는데 어찌 가볍게 넘어갈 수 있으랴. 그래서인지 여자의 말에 솔깃했다. 드디어 나의 짐을 벗을 기회다. 평생 한 번만 하면 된다는데. 그런데 정성 드리는 데 비용이 필요하다고 한다.

"얼마나 들어요?"

"비용은 100만 원이에요."

100만원. 큰 금액이었다. 만약 그런 '미지의 힘'을 빌려야 할 정도로 인생이 막판으로 치닫는 상황이었다면, 지푸라기 잡는 심정이었을 거다. 하지만 가정은 평안했고 안팎으로 힘든 일도 없었다. 역시 그 금액은 부담스러웠다. 여자는 내게 말했다.

"액운을 미리 막는 역할도 해요. 큰일이 일어난 후에는 늦어요."

아, 미래의 불확실성으로 인간의 심리를 건드리다니. 한마디로 보험이었다. 차이는 있었다. 진짜 보험은 눈에 보이는 돈이지만, 이들이 말하는 '치성'은 눈에 보이지 않는 어떤 것이라는 점이. 신랑이 모든 가계를 도맡기 때문에 내가 쓸 수 있는 돈은 없다고 둘러댔다. 하지만 입과 가슴이 따로 놀았다. 몇 달 전, 외할머니가 손자 쓰라고 주신 용돈을 아들 통장에 넣어두었다. 자꾸 그 돈이 머릿속에 맴돌았다. 결국 치성 날짜를 잡아버리고 말았다. 은행에서 현금을 뽑으며 기도했다.

'제발 사기가 아니게 해주세요.'

치성 날짜가 다가오면서 이상한 꿈을 꾸었다. 내가 한복을 입고 그 여자 앞에 앉아서 노래 비슷한 걸 부르고 있었다. 그 여자가 한 소절 부르면 내가 따라 불렀다. 노래는 아니었지만 음률이 있었다. 한 소절, 한 소절 따라 외우는 꿈이었다.

치성 당일 아침도 짧은 꿈을 꾸었다. 아파트 단지 안 인도에 웬 자전거가 한가운데 세워져 있었다. 그 여자 두 명이 지나야 하는 길이었다. 나는 도로 중간에 놓인 자전거를 치웠다.

치성 당일, 두 사람이 가지고 온 짐은 어마어마했다. 한마디로 제사상을 통째로 가지고 온 것이다. 수박, 배, 사과, 대추, 옥춘 등 다양한 음식들이 상 위에 올라갔다. 그동안 나보고는 가져 온 한복으로 갈아입으라 했다. 연분홍색 한복을 입고 지시하는 대로 중앙에 서 있는 여자의 대각선 쪽으로 비켜섰다. 절을 여러 차례 할 건데 그걸 다 따라해야 한다고 말했다.

절이라고 얕잡아 봤는데 새해에 올리는 절이 아니었다. 왼쪽, 오른쪽 이동하며 몇 번을 하는데 속도가 매우 빨랐다. 보통 절의 5배속은 되는 것 같았다. 곧 땀이 흥건하고 다리가 후들거렸다. 호흡이 가빠지고 입 안이 마를 무렵 끝이 났다. 헉헉대며 서 있으니 여자들은 음식을 따로 접시에 덜어낸다. 이건 다 먹는 게 좋다고 했다. 좋아하지도 않는 대추를 보니 걱정이 되었다.

다음 순서로 부적 같은 걸 태우며 주문 비슷한 걸 외웠다. 염불과 비슷한 느낌이다. 나보고는 그동안 눈을 감고 원하는 것을 기도하라고 한다. 딱히 원하는 사항이 없다. 양쪽 집안 대표로 내가 기도를 하는 거라니 '조상님들 좋은 곳으로, 더 높은 곳으로 가셔서 편히 쉬세요'라고 했다.

그렇게 일주일에 1-2회 우리 집에 방문했다. 초를 켜고 향초를 피우고 소원을 빌었다. 나도 기도문을 보고 어설프게나마 함께 낭송을 했다. 기도문 중 한 파트를 가리키며 이 부분부터 먼저 외워서 생각날 때마다 외우는 것이 좋다고 한다. 착실한 학생처럼 한문으로 뒤덮인 기도문을 외웠다. 샤워할 때, 자기 전에, 설거지할 때, 운전할 때 생각 날 때마다 외웠다. 왠지 마음이 편해지고 든든한 느낌이었다.

그 사람들은 매번 어떤 꿈을 꾸었냐고 물었다. 내가 꾸는 꿈의 양상은 매번 비슷했다. 그중에서도 '화장실' 꿈에 관심을 두었다. 기도를 하면 할수록 꿈속의 화장실이 넓어지고 깨끗해진단다. 화장실은 조상을 뜻한다고 한다. 내 꿈의 화장실은 한 사람이 들어가도 비좁을 정도로 좁았다. 쪽문만 달려 있기도 했다. 바깥에서 안이 훤히 보이는 화장실도 있었다. 기도를 드리는 횟수가 늘어났지만 꿈속 화장실의 변화는 없었다. 그런데 어느 날, 내 평생 최고 호화로운 화장실 꿈을 꾸었다. 화장실은 환하고 넓었으며 쾌적했다. 심지어 화장실 안에서 먹을거리도 팔았다. 마치 유원지 같았다.

선하고 거대한 에너지가
'거기 있음'을 한 번만 깨달으면

한 달, 두 달이 지나면서 심적 변화가 생겼다는 걸 느꼈다. 뭔가 든든한 '빽'이 있는 느낌이랄까? 어떤 일이 닥쳐도 잘 풀릴 것 같은 믿음. 이래서 사람들이 종교를 갖는구나 싶었다. 여전히 일주일 1-2회 '가정 기도'도 지속되었다. 매번 어김없이 꿈 이야기를 했다. 최근의 꿈에는 연예인이 자주 등장했다. 내가 이런 꿈을 꿀 때마다 여자들은 걱정을 했다. 연예인이 꿈에 나오면 좋지 않은 꿈이라는 거다. 연예인은 잡신을 뜻한다고 한다. 아이도 자주 나왔다. 인파 속에 아들을 잃어버렸는데 유명 개그맨이 찾아주거나 아이가 차를 타고 어딘가 가는 꿈이었다. 여자는 꿈 이야기를 듣다가 어쩔 수 없다는 듯이 말했다.

"안 되겠어요. 꿈이 너무 안 좋아요."

치성을 더 드려야 한다는 것이다. 내가 꿈 이야기를 할 때면 여자는 걱정스런 표정을 자주 지었다. 내심 짐작은 했다. 모른 체 했을 뿐이다. '정성'은 그때 100만 원이 처음이자 마지막이었다. 더 할 마음은 눈곱만치도 없었다. 본론을 말하게 한 후 내보낼 심산으로 물었다.

"얼만데요?"

여자는 다섯 손가락을 펼쳐 보였다.

"네? 50만 원이요?"

여자는 조용히 고개를 가로저었다.

"0을 하나 더 붙이셔야 해요."

그렇게 만남은 끝이 났다.

처음엔 원망스러웠다. 마음을 열고 어색하게나마 진심으로 기도를 했는데, 돈 이야기로 초를 치다니. 하지만 누굴 탓하랴. 나는 종교를

가진 적이 없다. 친할머니가 불교 신자라 어렸을 때부터 절에는 따라
다녔지만 내 종교가 불교라고 생각하지는 않았다. 20대 땐 남자 친구
따라 교회에 갔다가 크게 실망을 한 적이 있던 터라 그 후로 더 멀어
졌다. 천주교에 대한 동경은 있었다. 하얀 면사포를 쓰고 기도하는 여
인의 모습에. 하지만 이런저런 교리를 배워야 한다고 하여 포기했다.

종교는 없지만 신은 믿는다. 모든 종교가 말하는 신은 결국 하나의
에너지라고 생각한다. 부처님, 예수님 모두 진리를 구하는 길을 알았
던 성자다. 그런데 후세 사람들은 진리를 구하는 그 길보다 그들을 기
리는 '형식'에 관심이 더 많아 보인다. 콜럼버스가 발견한 신대륙은
못 보고, 콜럼버스만 추앙하는 꼴이다. 우상을 만들어 버린 것이다.
그런 말도 있지 않은가. 추대하는 제자들이 많을수록 종교로 만들어
지고, 그런 제자들이 없으면 이단이 되어 버린다고.

종교의 형식도, 다른 종교를 배척하는 것도 이해가 안 되었다. 일례
로 일부 종교는 유일신이라 하여 많은 종교를 배척한다. 또 같은 종교
인이 아니라는 이유로 결혼을 반대하기도 한다. 그런데 그들 중 일부
의 논리로 '하느님이 모든 것을 만든 신'이면, 불교도, 부처님도, 알라
신도 하느님이 만드신 것 아닌가? 다른 신, 우상을 만들어 경배하는
것조차 하느님이 만드신 세상의 이치 아닌가 말이다.

여자들과의 기도는 끝이 났다. 동시에 기도는 여전히 존재한다. 다
만 형식이 빠졌을 뿐. 종교마다 기도를 할 때 다양한 형식을 취한다.
아마도 신에게 가장 잘 도달되리라 믿는 방식일 것이다. 세상이 말하

는 신, 지금 내 언어로 표현하면 삶의 에너지에게 종교의 형태를 빌려서 기도한 두 달, 진실이 무엇이든 기도하는 그 기간 동안 내가 평온을 느낀 것은 사실이었다. '내게 유리한 방향'으로 흘러가는 느낌 또한 사실이었다. 그래서 여자들과 인연을 끊은 초반에는 두려웠다. 이 좋은 운의 흐름이 끊어지면 어떡하나 싶어서.

그러나 시간이 지날수록 점차 깨달았다. 선하고 거대한 에너지가 '거기 있음'을 한 번만 깨달으면, 그 통로는 영원히 막히지 않는다는 것을. 마치 검증되지 않은 혈침을 우연히 맞았는데, 막힌 기가 완전히 뚫린 이치랄까? 이로써 오히려 종교에서 벗어났고, 신은 더 믿게 되었다. 신, 하느님, 부처님, 신성, 우주 뭐라고 불러도 상관없다. 그 모든 걸 뜻하는 거대한 에너지를 완전히 믿은 순간, 나의 우주는 뒤집혔다. 여태까지와는 다른 메커니즘이 내 삶에 작동하게 된 것이다. 뒤에 이어질 사소한 '경품 추첨 사건'이 그 시작이었다.

Part 3

· · · · ·

누구에게나 '빅 핸즈'는 있다

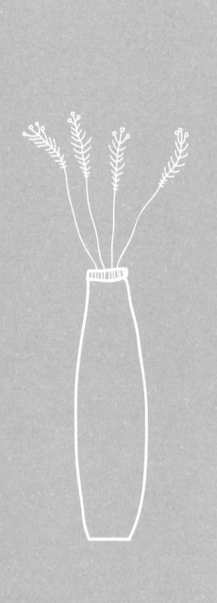

처음 '빅 핸즈'를 만나다

"어? 오늘이네! 가자, 가자."

날 좋은 2015년 가을, 집 앞 산책을 나왔다가 현수막을 보았다. 며칠 전부터 '맹동면 주민 화합 체육 대회' 홍보 현수막이 걸려 있었다. 충북에 온 뒤 축제란 축제는 다 찾아다니는 우리 가족이다. 문화 생활이 부족하다 보니 색다른 취미가 되었다. 다양한 먹거리, 지역 행사 가수들, 노상에서 펼쳐지는 술판, 그리고 청명한 가을 날씨! 망설이는 신랑에게 "일단 가보기나 하자"고 꼬드겨 맹동 초등학교로 달렸다.

초등학교에 들어선 우리는 입을 떠억 벌릴 수밖에 없었다. 대학교 축제 같았다. 운동장에는 천막들이 둘러 서 있고, 음향 빵빵한 앰프를 통해 사회자 목소리가 흘러 나왔다. 각 천막에는 동성리, 신돈리, 쌍정리, 용촌리 등등, 리 단위의 푯말이 붙어 있었다. 시끌벅적한 축제

분위기에 우리 가족은 얼떨떨한 채로 동성리 천막에 찾아들었다.

자리를 잡으니 부녀회원들이 수육, 떡, 음료, 과자, 막걸리 등을 가져다 준다. 벌건 대낮에 막걸리를 마주한 우리는 신이 났다.

"거 봐! 내가 오자고 했잖아, 술도 공짜로 주고! 좋지?"

"응, 진짜 최고야!"

노인, 아이 할 것 없이 온 동네 주민이 몰려드는 분위기에 음악 소리는 더더욱 흥겨움을 더했다. 작년까지는 필히 노인들만 우글거리는 축제였으리라. 혁신 도시가 들어서면서 눈에 띄게 아이들이 많아졌다. 젊은 가족과 아이들 덕에 축제는 시간이 갈수록 달아올랐다. 점심만 먹고 일어서려던 계획은 물 건너 가버렸다. 훌라후프 대회에도 참가하고 쌀가마니 오래 들기 시합도 구경했다. 쌀가마니가 엄청 무겁긴 한지 참가자들의 온몸이 곧 덜덜덜 떨렸다. 배구 시합은 아마추어의 세계가 아니었다. 조기 배구회의 위력을 확인한 날이다. 선수가 되었다가 구경꾼이 되었다가 하니 벌써 저녁이다.

어느덧 경품 추첨 시간이었다. 내 손엔 응모권이 여러 장 있었다. 처음 본 입주자 대표가 뭉텅이로 주고 간 것이다. 나는 회사 행사 때 받은 '김치 교환권'이 경품으로는 처음이자 마지막이었다. 신랑도 추첨 운은 없다고 한다.

"에이, 안 될 거야."

"그러게, 안 될 거야!"

행여나 기대라도 할까봐 지레 위안을 주고받았다. 말은 기대하지

말자고 하는데도 괜히 들떴다. 손에 쥔 응모권을 들고 남몰래 기도를 했다.

'저에게 기도의 힘을 보여주세요.'

"156번!"

"어? 어? 여기요! 여기요!"

부끄러운 줄 모르고 소리를 치며 앞으로 뛰어 나갔다. 선풍기였다.

"581번!"

"어, 여기요!"

이번엔 신랑이 뛰어 나갔다. 쌀이었다.

"389번!"

"뭐지?"

세 번째가 되니 좀 민망했다.

"861번!"

"여보, 대박인데……?"

네 번째부터는 얼떨떨했다.

"799번!"

"……."

다섯 번째 경품을 받아 오니 신랑이 이만하면 됐다고 집에 가자고 한다. 신랑은 주차장으로 갔다. 나는 혹시나 하는 마음에 붙박이처럼 서 있었다. 진짜 받고 싶은 경품이 남아 있었기 때문이다.

"1059번!"

기다려도 내가 오지 않자 신랑은 나를 찾으러 다시 왔다. 신랑은 기가 차다는 듯 웃어버렸다. 리본을 단 자전거를 타고 운동장을 뱅뱅 도는 나를 보고선.

그렇게 우리 가족은 그날 무려 6개의 경품을 받아왔다. 믿을 수 없다는 신랑 보고 넌지시 자랑했다.

"요즘 내가 열심히 기도해서 그런 거야."

차마 두 여인과 함께 낮에 드리는 기도에 대해 말은 못했지만.

그날 처음으로 소원과 관련한 어떤 에너지가 있을지 모른다는 확신을 가졌다.

신랑 회사의 가족 행사에서도 추첨이 있었다. 그때는 오히려 신랑이 내게 말했다.

"빨리 기도해 봐."

'우리 신랑 기분 좋게 할 선물을 주세요.'

몇 분 후, 신랑은 함박웃음을 지으며 앞으로 걸어 나갔다. '10만원 상품권'에 당첨된 것이다.

처음으로 '주문서'를 넣다

경품은 내게 운도 우연도 아니었다. 존재의 증명이었다. 이후 나는 정식으로 '주문서'를 넣게 되었다. 당시 나는 '스트링 아트(string art)'에 빠져 있었다. 스트링 아트는 해외 유튜브에서 우연히 본 공예의 한 종류이다. 나무판에 글자나 이미지 윤곽선을 따라 못을 박은 뒤, 여러 가지 실로 엮는 공예를 말한다. 국내에는 아직 알려지지 않은 분야였다. 스트링 아트의 재료, 하는 방법의 기본 자료조차 국내 포털사이트에 전무했다. 해외 유튜브를 보고 직접 따라 해보며 시행착오를 줄일 수밖에 없었다.

이 스트링 아트의 국내 선점에 탐이 났다. '스트링 아트 클래스'를 그 누구보다 먼저 열고 싶었다. 하지만 나는 '창직(job creation, 자신의 적성과 흥미에 따라 직업을 스스로 만드는 활동)'을 강의하는 한국창직협회 전임 강사이기도 했다. 선택과 집중을 하고 싶었다. '공예 클래스'냐, '창직 전문 강사'냐.

강의도 재미있었다. 하지만 그 콘텐츠가 '내 것'이 아니라는 생각이 드는 것도 사실이었다. 반면, 스트링 아트는 '내 것'이라는 느낌이었다. 내가 직접 만들고, 수정하고, 발전시키는 과정을 처음부터 온전히 나 혼자 해서였다. 아무리 저울질을 해봐도 어떤 것을 택해야 하는지 판단이 안 섰다. 처음으로 '주문서'를 넣었다.

"제가 어떤 길을 가야 하는지 보여주세요."

답은 다음 날 바로 도착했다. 창직협회 협회장에게 전화가 온 것이다. 〈광주광역시 청년층을 위한 창직 모델 개발〉 공모 사업을 진행해야 한다고 했다. 그 사업을 내게 전적으로 맡기고 싶다는 것이다. 그런 보고서를 써본 적도 없지만 받아들였다. 어젯밤 주문서에 대한 답이란 게 명확했기 때문이다. 몇 주 동안의 작업 끝에 '광주광역시 시장님께'라고 시작하는 보고서를 완성했다. 그 후 '창직'이란 키워드 하나만 보고 앞으로 나갔다. 삶이 직접 준 일이며, 또 다른 기회는 시기적절하게 올 것이라 믿고.

'주문서'에 대한 응답은 계속하여 도착했다. 우리 부부는 결혼 3년 만에 아파트 청약을 넣게 되었다. 1순위 청약에 당첨된 층이 영 마음에 안 들었다. 4층인데 지상 주차장이 바로 앞에 위치했다. 자동차 헤드라이트 불빛 간섭이 우려되었다. 게다가 지하 주차장 진입로까지 집 앞에 있었다. 차가 드나들 때마다 엥-하는 소음에 시달려야 할 것 같았다. 고민을 하다가 결국 포기했다. 그리고 일반 청약으로 다시 청약을 넣었다. 이제 막 혁신 도시가 조성되는 시점인데다 청약률 미달이라 가능한 일이었다. 또 주문서를 넣었다.

'404동 저층에 되게 해주세요.'

발표일, 신랑에게 문자가 왔다.

'여보……, 망했어……. 또 그때 그 위치로 당첨됐어…….'

이럴 수가. 결국 자동차 헤드라이트와 주차장 신호음과 함께 살아야 한단 말인가? 현실을 부정하고 싶었다.

'거짓말…….'

내가 보낸 답 문자에 신랑은 다시 답이 왔다.

'당연히 거짓말이지! 404동 8 * * 호 당첨이야!'

주문서가 연달아 접수되자 자신감이 생겼다. 또 다른 주문서를 넣을 차례가 왔다. 서울에 사시던 시부모님께 충북에 내려오시라 권했다. 충북에 오니 사람 사는 것 같다고, 살기 너무 좋다고, 몇 번을 말씀드렸다. 우리 동네에 와보신 시부모님도 결국 서울 생활을 정리하고 내려오시기로 한 것이다. 시부모님이 새로 이사할 아파트도 동, 호수 추첨제였다. 우리 집만큼 신경 쓰고 있지 않다가 추첨 당일에야 신랑에게 물었다.

"여보, 몇 동이 제일 좋아?"

"103동이 제일 나은 것 같아. 남향이더라고."

신랑 말을 듣고 주문서를 넣었다.

'103동에 당첨되게 해주세요.'

시부모님은 103동 15층에 당첨되었다.

사전 점검일, 시부모님 아파트에 들어가 보았다. 아차, 싶었다. 내가 아파트 조감도를 보고 신경을 더 썼어야 했는데. 앞 동 때문에 막혀 조망권이 영 별로였던 것이다. 좀 더 알아보고 구체적으로 주문서를 넣어야 했는데 후회가 되었다. 종국에는 아주버님 내외까지 서울 생활을 정리하고 충북으로 내려왔는데, 그땐 내 주문서대로 '앞이 탁 트인' 집이 당첨되었다.

처음에는 긴가민가했다. 하지만 주문서가 속속들이 확인되자 확신으로 바뀌었다. 마법의 주문서는 지금까지 유효하다. 아니, 오히려 자신의 존재를 증명시키고 싶어 안달이 난 귀염둥이 같다. 내가 조금만 못 미더워하면 어김없이 존재를 증명시킨다. 나는 이 존재를 '빅 핸즈(big hands)'라고 부르기 시작했다.

친정 엄마와 메시지를 주고받다가 안부를 염려하는 말에, "걱정 마세요, 제겐 빅 핸즈가 있거든요!"라고 한 적이 있다. 나도 모르게 튀어나온 말이었다. 그러고 보니 빅 핸즈라는 말이 딱인 것 같았다. 이쪽 길이라며 나를 살살 몰아주기도 하고, 행운을 뽑아다 가져다 주기도 하니 말이다. 이 빅 핸즈는 특정한 인물에게만 작동하는 것이 아니다. 모든 사람이 빅 핸즈를 가지고 있다. 다만, 어떻게 작동시킬지 모를 뿐이다. 이제 여기에 대한 이야기를 해보려 한다.

삶의 비밀에 다가가다

결국 아이에게 킥보드를 사주었다. 요 며칠 도서관, 소아과, 놀이터, 어디를 가도 킥보드를 만났다. 아이는 킥보드에 관심을 보였다. 아이들 세계에서 자신의 물건을 다른 아이가 만지는 것은 금기시된다. 손잡이만 만졌는데도 킥보드는 손아귀에서 쏙 달아나버린다.

아들은 겨우 31개월이었다. 아직 탈 때가 아니라고 생각했다. 아이도 사달라고 떼쓰지 않았다. 하지만 어디를 가든 꼭 킥보드를 한 대씩 만났다. 그럴 때마다 빼앗고 빼앗기지 않으려는 기 싸움이 반복되었다. 절대 '국민 장난감'에 휩쓸리지 않기로 다짐했는데, 나도 엄마였다. 매번 포기하고 돌아서는 아이가 가여웠다. 어린이날 선물로 사주기로 결심했다. 그런데 예정보다 두 달이나 당겨서 사 줘 버린 사건이 발생했다. 우습게도 한 아이의 농락(?)에 지고 만 것이다.

아파트 도서관에서 만난 핑크색 킥보드. 아이는 또 그 킥보드에 다가갔다. 동시에 킥보드 주인이 나타나서 가져가버렸다.

"로운아, 우리는 책 볼까?"

아이가 좋아하는 책으로 시선을 빼앗았다. 아이에게 한참 책을 읽어주고 있는데 핑크 킥보드가 곁에 다가왔다. 그리곤 아이 앞에서 왔다 갔다 하며 약을 올려댔다.

"나는 이것도 있지롱!"

정작 아이는 무덤덤했는데 내가 심통이 났다. 에잇, 더러워서 사 줘야지! 그날 밤 바로 킥보드를 주문했다.

아이들은 갖고 싶은 어떤 것이 있을 때 다양한 방식을 취한다. 울거나, 떼쓰거나, 설득하거나, 삐치거나, 밥을 안 먹거나, 애교를 피운다. 아이가 어떤 방식을 취해도 엄마의 선택은 사실 결정되어 있다. 아이만 모를 뿐. 엄마는 '아이에게 필요하다고 판단될 때' 사준다.

내가 막 고등학교에 갔을 때 삐삐 시대와 휴대폰 시대가 맞물렸다. 많은 아이들이 삐삐에서 휴대폰으로 갈아타던 시점이다. 나도 휴대폰을 사달라고 매일 졸랐다. 하지만 삐삐도 사주지 않았던 부모님이었다. 학생에게 필요 없다는 이유였다. 결국 나는 자체 해결했다. 신학기를 맞아 교복점에서 사은품으로 삐삐를 준 덕분이었다. 아직도 자주색의 삐삐가 생각난다.

그러나 화내도, 졸라도, 애원해도 휴대폰 승낙은 떨어지지 않았다.

마지막으로 나는 합리적인 설득 작전을 펼쳤다.

"삐삐도 삐삐 쓰기 전에는 필요 없다고 말씀하셨지만, 지금은 잘 쓰고 있는 물건이 됐잖아요. 학생이 삐삐 가지고 있다고 그 누구도 이상하게 생각 안 해요. 휴대폰도 그럴 거예요. 지금은 필요 없다고 생각하겠지만 학생도 당연하게 쓸 날이 올 거라고요."

부모님은 아무 말씀 안 하셨다. 드디어 설득 당했다고 회심의 미소를 지었다. 하지만 휴대폰은 생기지 않았다. 부모님은 아직 '때'가 아니라고 생각했기 때문이다.

아이의 에너지는 '킥보드를 타고 싶다'였다. 아이가 표현을 안 해도 엄마는 안다. 에너지는 파동이기 때문이다. 파동은 물리적 한계가 없다. 어떤 형태로든 주변에 영향을 미친다. 진천의 종 박물관 야외에는 큰 타종이 놓여 있다. 종을 '두-웅' 치고 종 표면 가까이 손을 대면 진동이 느껴진다. 진동은 소리라는 에너지로 바뀌어 멀리까지 퍼진다.

점점 잦아드는 종소리가 이내 끊기면 에너지도 끊기는 것일까? 미세하게 남아 있는 파동이 저수지의 물, 산의 흙까지 파고들지 않을까? 물고기, 작은 동물, 벌레들에게 영향을 주지 않을까? 그 작은 영향은 또 다른 변화를 야기하지 않을까? 에너지는 우주 끝까지 이어져 있다. 에너지는 나의 표정, 몸짓, 감정, 생각까지 감지할 정도로 예민하다. 엄마가 아이의 욕구를 읽어내는 것보다 본능적이다.

우리의 뇌는 최고 사령탑이라 불린다. 말더듬이를 혀의 문제라고 생각하지만, 두뇌와 관련되어 있다. 언어를 담당하는 브로카 영역의 문제이다. 브로카 영역은 말을 만들어 송출하는 역할을 한다. 절단되어 존재하지 않는 부위에서 극심한 통증을 느끼는 '환상지' 역시 마찬가지다. 어떠한 사고로 팔이 절단된 사람이 있다고 하자. 팔이 있어야 할 자리에 아무것도 없는 것이 눈에 보인다. 그런데도 그 부위에 극심한 통증이 발생한다. 뇌의 착각이다.

나의 내면과 우주가 균형이 맞추어질 때

인간을 인간답게 살게 해주는 뇌를 두고 살아 있는 장기라고 한다. 하지만 실상 뇌는 에너지 반응의 집합체일 뿐이다. 뉴런은 시냅스를 통해 다른 뉴런에게 정보를 전달한다. 시냅스가 신호를 전달하는 에너지는 크게 전기 에너지와 화학 에너지로 나뉜다. 결국 '나'를 조절하는 최고 사령탑인 뇌도 '에너지'인 셈이다.

나의 욕망(뇌가 느끼는)은 그대로 에너지가 되고, 에너지는 파동으로 바뀌며, 파동은 우주에 입력된다. '내가 우주고 우주가 나', 혹은 '모든 존재는 연결되어 있다'는 말을 에너지 차원에서 생각하면 이해가 쉽다. 에너지가 연결되어 있다는 뜻을 내가 이해한 방식으로 풀어보겠다.

흰 여백의 도화지가 있다고 상상한다. 하늘색 크레파스로 도화지를 채운다. 도화지는 우주이고, 하늘색은 에너지다. 이제 사람을 그려 보자. 사람을 여러 가지 색으로 칠해도 기본 바탕은 하늘색이다. 하늘색은 사람의 경계선에 상관없이 이어져 있다. 공기처럼. 도화지에서 내 주변으로 시선을 돌려 보자. 나의 경계가 사라진 느낌을 받을 것이다. 이 이해가 중요한 이유는 이 에너지가 바로 우주와의 통로이기 때문이다.

'집단 에너지'는 또 다른 측면이 있다. 집단 에너지는 많은 사람이 한 에너지가 축적되어 있는 공간에서 같은 소원을 빌 때 효력이 발생된다고 한다. 110v보다 220v가 더 강력한 것처럼 말이다. 하지만 집단 에너지보다 더 강한 것이 우주의 균형이다.

기도는 나의 마음이다. 마음의 출처는 가슴이 아니라 뇌다. 기도를 하면 뇌에 에너지가 발생한다. 이 에너지는 나와 맞닿아 있는(대개 나의 외부라고 생각하는) 다른 에너지와 반응한다. 물 한 그릇 떠놓고 빌던 옛날 어머니들의 기도가 이런 이치다. 거대한 건물이 없어도, '중개인'이 없어도, 향초를 피우지 않아도 이러한 에너지는 누구나 발생시킬 수 있다. 부모가 아이 소원을 들어주는데 특별한 '형식'이 필요하지 않은 것처럼 말이다.

하지만 그 무엇보다 기도를 하는 '자세'가 가장 중요하다. 아이가 원하는 것을 들어주었는데 감사한 마음을 갖지 않고 불평만 해댄다면 어떨까? "누가 이거 해 달랬어? 이게 아니라 저거라고!" 한다면 내 아이라도 콩 쥐어박고 싶을 것이다. 반면, 본인이 가지고 있는 것에 감사하고 귀하게 여긴다면 어떨까? 뭐라도 더 해주고 싶은 마음이 절로 생길 수밖에 없다. 삶도 마찬가지다. 가진 것에 만족하지 못한다고 벌하거나 지옥에 보내진 않겠지만, 감사를 더 좋아하는 건 틀림없다. '감사'는 우주 그 어떤 에너지보다 강한 파동을 가지고 있다고 한다. 매일 감사 일기를 쓰는 것만으로 인생이 달라졌다는 수많은 사례가 이를 증명한다. 무조건 달라고만 주문할 게 아니라, 내가 가진 것에 감사하는 태도가 중요하다.

나는 밤마다 기도한다. 잠들기 전, 아이와 장난칠 때에도 가슴 속 깊이 감사함이 올라온다. 이럴 때 마음을 다해 기도를 한다.

'우리 로운이 오늘도 아무 일 없이 예쁜 모습으로 잠자리에 들 수 있게 해주셔서 감사합니다. 언제나 무탈한 하루, 평범한 하루, 보통의 하루를 보낼 수 있게 해주셔서 감사합니다. 우리 가족, 로운이 어린이집, 로운이를 둘러싼 그 모든 환경에서 로운이를 지켜 주시고, 보호해 주시고, 보살펴 주시고, 아껴 주시고, 사랑해 주셔서 진심으로 감사합니다. 사랑합니다.'

아이가 큰 사건, 사고 없이 무탈한 하루를 보냈다는 것 자체가 무척 감사하다. 이 글을 쓰는 순간에도 울컥한다. 평범한 일상이 얼마나 축복받은 것인지. 이젠 아이도 나를 따라 손깍지를 낀다. 어눌한 발음으로 따라한다. "감사합니다, 사랑합니다"라는 기도를. 아이의 감사 파동 역시 미약하게나마 에너지의 장에 전해질 것이다.

그런데도 나는 여전히 가진 것보다 가지지 못한 것에 포커스가 맞취질 때가 많다. 강의를 막 처음 시작할 때는 강사료보다 일을 할 수 있는 기회 자체를 감사히 여겼다. 지금은 강의가 들어오는 것을 당연하게 받아들이고, 그 외의 조건에 눈이 간다. 아이는 예쁜 행동을 해서 예쁜 게 아니다. 거기 '있는 것'만으로 예쁘고 감사한 존재다. 아이를 향하는 마음처럼, 내가 가진 '당연한' 것을 낯설게 보는 연습이 필요할 것 같다.

크고 멋있는 전원주택보다, 지금 당장 가족이 편히 쉴 수 있는 집.

잘나가는 새로운 사람과 친해지고 싶은 욕망보다, 오랫동안 함께한 벗.

몸값을 올리려 애쓰는 자기계발보다, 현재 내게 주어진 일.

나를 싫어하는 사람에 대한 신경보다, 나를 좋아하는 사람들에 대한 관심.

감사 에너지와 전기 에너지의 가장 큰 차이점이 있다. 바로 드래곤볼의 "에. 네. 르. 기. 파!"처럼 내가 발사할 수 있느냐, 없느냐이다. 전기 에너지는 자연적으로 존재하는 에너지이지만, 감사 에너지는 내가 만들어낼 수 있는 유일한 에너지다. 감사 에너지가 강해질수록 내면과 우주의 균형이 맞추어진다. 내가 우주가 되고 우주가 내가 된다. 내가 원하는 것이 곧 우주가 원하는 것이다. 나와 우주의 주파수가 맞춰진 것이다. 주파수가 맞으면 신호가 터진다. 이를 두고 우리는 기도가 이루어졌다고 말한다.

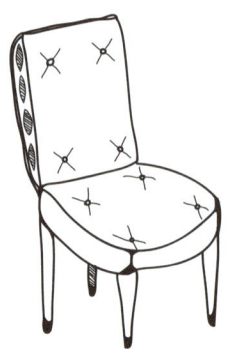

내맡기기 실험을 하다

『될 일은 된다』에서 소개된 내맡기기 실험은 내게 기폭제가 되었다. 저자 마이클 A. 싱어는 숲에 작은 오두막을 짓고 사는 명상가다. 평생 숲 속의 은둔자로 살고 싶었으나 자신의 계획과 의도가 어긋나는 생활이 이어진다. 자기가 원하는 방향과 반대로 일이 자꾸만 일어난다. 이를테면, 혼자 조용히 지내고 싶은데 자꾸 한 명, 두 명 침범자가 찾아온다. 심지어 자신의 땅에 허락도 없이 집을 짓고 산다. 땅을 살 계획도, 자금도 전혀 없는데 인접한 땅을 살 수밖에 없는 상황이 온다.

그럴 때마다 그 안의 '목소리'가 끊임없이 말을 했다.

'이건 내게 좋지 않아.'

'그 일은 나랑 안 맞아.'

'내 계획과 달라!'

목소리는 하루 종일 머릿속에서 지껄였다. 이를 깨달은 마이클은 결심했다. 제멋대로 재잘거리는 목소리를 무시하고 나의 호불호를 넘어서기로. 삶이 스승이라는 의도로 살아가기 시작한 그는 현재 베스트셀러 작가, 경제학 박사, 교수, 건축업자, 영성 공동체의 리더, 의료전산화기업 CEO 등으로 살고 있다.

허락 없이 지어진 몇 개의 집, 어쩔 수 없이 사들였던 넓은 땅, 훗날 그것들이 어떤 의미인지 알면 전율이 흐른다. 그가 이끄는 거대한 영성 공동체의 중요한 자산이 되었기 때문이다. 잘 맞물리는 톱니바퀴 같은 흐름이다. 개인의 호불호를 배제한 채 삶을 온전히 받아들이고, 거기에 숨어 있는 의미를 유추하는 것, 이것이 내맡기기 실험의 큰 틀이다. 나는 이를 '플로(flow)'라고 부른다. 흐름 속의 몰입.

강의를 준비하고 있던 어느 날이었다. 한국창직협회에서 연락이 왔다. 죄송하지만 예정되어 있던 주제를 바꿀 수 있느냐고 물었다. 순간 귀찮은 마음이 훅 올라왔다. 예정되어 있던 강의는 언제나 내가 맡던 주제였다. 별다른 준비 없이도 충분히 기량을 발휘할 수 있었다. 그런데 새로 바뀐 주제는 내가 단 한번도 다뤄본 적이 없는 것이었다. 새로 공부해야 하는 것은 물론이거니와, 생소한 주제를 내가 과연 잘 풀어낼 수 있을까, 하는 두려움도 생겼다. 나의 '목소리'는 머릿속에서 재잘거렸다.

'안 한다 해, 딱 봐도 딱딱하고 어려운 주제구먼, 새로 준비하려면

시간이랑 에너지가 많이 들잖아, 무엇보다 귀찮아!'

나는 이 목소리를 들으며 전화기 너머 연구원에게 말했다.

"네, 할게요. 저야 좋죠, 새로운 주제를 공부할 수 있는 기회니까요."

처음으로 호불호를 의식적으로 배제하고 선택한 일이었다. 결국 강의 전날까지 밤을 새다시피 준비를 해야 했다. 책을 봐도 부족한 부분은 유튜브 동영상으로 보충했다. 협회장과 통화를 하며 일대일 과외(?)를 따로 받기도 했다. 그렇게 나만의 콘텐츠가 또 하나 만들어졌다. 강의는 무사히 끝났다. 예전에 내 강의를 한번 들었던 교육생이 조용히 다가왔다.

"강사님, 제가 강의 세계를 잘 몰라서 그런데, 강사들은 원래 이래요? 저번에도 그렇더니 이번 시간도 준비를 많이 하신 것 같아요. 매번 이러면 힘드시겠어요."

그때의 기분이란! 뿌듯함을 넘어서 삶에 대한 경외심까지 느껴졌다. 이때 벼락치기로 공부했던 내용은 지금까지도 잘 쓰고 있다. 내가 쓴 다른 책 서문에도 활용했다. '창직'이란 주제를 좀 더 쉽게 알려 주는 풍부한 재료로 쓰이고 있는 셈이다.

"모든 일은 삶이 직접 주는 거다. 감사하게 받아들이고 그저 최선을 다하면 된다."

이 문장은 내 삶을 관통하는 절대적인 철학이다.

삶은 가장 적절한 때에
적절한 것을 준다

나의 욕구를 배제한 채 살아가면 어떤 일이 벌어질까? 강사 커뮤니티에서 취업 강의 보조 강사를 구한다는 공지를 보았다. 보조 강사로 일해본 적은 없었지만 구미가 당겼다. 대개 강사 구인은 서울, 경기 지역이 많다. 한두 시간 강의를 위해 왕복 네다섯 시간을 할애해서 가야 한다. 그런데 이번 강의 장소는 충북 증평이었다. 우리 집에서 30분 거리! 용돈벌이로 딱이었다. 궁금했던 보조 강사의 직무는 강의를 하는 것이 아니라 지원을 해주는 일이었다. 교육생 챙기고, 사진 찍어주고. 따로 강의 준비를 하지 않아도 되니 얼마나 편할까! 곧바로 지원했다. 모의 면접에서 면접관으로서 참여, 자기소개서 첨삭, 면접 컨설팅 등의 관련 경력으로 채운 이력서가 빵빵해 보였다. 집도 가깝고, 경력도 있어, 떨어질 일이 없어 보였다.

합격자 발표일 하루 전날이었다. 오전 운동을 끝내고 휴대폰을 보니 '부재중' 메시지가 떠 있었다. 낯선 번호였다. 전화를 하니 강사 구인 업체다. 내가 전화를 받지 않아서 다른 강사로 배정했다고 한다. 불과 15분 전에. 순간 어이가 없었다.

'합격자 날짜는 내일 아닌가요? 예정에 없이 전화하셔서는, 전화 한 통 못 받았다고 바로 넘기다니요. 조금 당황스럽습니다.'

이게 진짜 감정이었다. 그러나 나는 웃으며 말했다.

"네, 아쉽지만 어쩔 수 없지요. 감사합니다."

실제로 많이 아쉬웠다. 왜 하필 운동을 할 때 전화를 해서는, 한숨이 푹 쉬어졌다. 내 이력서가 먹히지 않았다는 것에 자존심도 조금 상했다. 진짜 탐나는 이력이었다면 기다려 주지 않았을까? 간만의 불합격에 내상을 입었다. 하지만 '내맡기기'를 떠올리자마자 바로 기도했다.

'저한테 맞지 않는 일이어서 제게 주지 않으신 거죠? 더 큰일을 주시려는 것 않다. 감사합니다. 사랑합니다.'

다음 날, 어제 그 업체로부터 전화가 왔다.

"강사님! 예정되어 있던 분이 갑자기 일이 생겨서 못하게 되어서요, 혹시 강사님 그날 일정 되시나요?"

세상에!

"네, 그날 됩니다."

그게 끝이 아니었다.

"혹시, 그 다음 날도 시간 되시나요? 이틀 연속 들어가 주셨으면 해서요."

'내맡기기 실험'은 의욕 없이 그냥 저냥 산다는 뜻이 아니다. 운명론도 아니다. 최선을 다하되, 내 손을 떠난 일에 연연하지 않는다는 의미다. 더 크고 강력한 존재에게 믿고 맡기는 것이다.

내가 처한 상황에서 나의 호불호에 따라 '판단'하지 않는다. 나의 호불호에는 공포심이 작용한다. 손해 보거나 실패할지 모른다는 불안함, 지금보다 나은 삶을 위해 애쓰지 않으면 뒤처질지 모른다는 두려움, 위험을 피하고 싶은 본능. 예측할 수 없으니 두려운 거다. 이러한 '작은 세계'에서 벗어날 수 있는 방법 중 하나가 '내맡기기'이다. 나의 삶에 기대면 머지않아 느낀다. 삶은 가장 적절한 때에 적절한 것을 준다. 삶이 내게 주려는 것은, 내가 애써 얻어내려는 것보다 훨씬 더 근사하다는 것을.

제일 좋은 시기에
이루어질 터이니……

2016년 가을, 첫 책을 계약했다. 계약한 S출판사와의 인연은 2014년으로 거슬러 올라간다. 2014년, 첫 아이를 조산원에서 자연주의로 낳았다. 의료진에게 맞춰진 병원 시스템을 거부하고, 아기의 속도에 맞춰주고 싶었다. 천천히 나오면 천천히 나오는 대로, 기꺼이 아기의 능력을 믿기로 했다.

'자연주의 출산 경험기와 출산 사진, 자연주의 출산 그 후 육아.'

이를 바탕으로 한 출판 기획서를 S출판사에 보냈다. 자연주의 출산 '바이블'로 알려진 관련 전문서적을 낸 출판사였다. 출판사 대표에게 전화가 왔다. 아쉽게도 자연주의 출산기를 묶은 책을 이미 준비하고 있단다. 다른 방향으로 함께 고민해 보자고 하셨다. 작가 지망생에게 출판사 대표와의 통화는 '미친 경험'이었다. 더군다나 뒤늦게 알았다. 출판사가 기획안만 보낸 예비 저자에게 직접 전화하는 일은 매우 드물다는 것을. 바쁘 돌아가는 출판사는 친히 전화를 할 시간이 없다. 그것도 거절 전화를 말이다. 회사가 불합격 안내를 위해 면접자에게 전화하는 일이 있던가. S출판사는 내게 출판계에 대한 첫 이미지를 심어준 어미 새였다.

바로 그 S출판사와 계약을 한 것이다!

'저 아직 책 내려고 하고 있습니다.'

인사차 보낸 원고가 덜컥! 출판사는 3년 전 나를 기억하고 있었다. 그냥 얼굴이나 보는 자리인 줄 알고 나갔다가! "사실 저희가 계약서를 가지고 나왔어요"라는 주간님 말씀에 왈칵 눈물이 터질 뻔 했다. 하지만 그날 계약서를 쓰지 않았다. 원고 수정을 다한 후, 때가 되었을 때 계약을 하겠다고 말한 것이다.

누가?

내가.

왜?

'계약'이라는 눈앞 목표가 있으니 동기 부여가 된다는 이유로.

"이런 경우는 또 처음이네."

대표와 주간은 마주보며 웃으셨다.

구두 계약(?) 후 얼마 지나지 않아 서적 유통업체인 송인서적이 부도가 났다. 설마 했는데 S출판사 역시 후폭풍을 비껴갈 수 없었던 모양이다. 2017년 설날 즈음 연락이 왔다. 송인서적 사태 때문에 처리해야 할 일이 산더미라고, 수정 원고 검토를 조금만 더 기다려 달라고. 기다리고 있을 테니 급한 일부터 처리하시라, 말씀드렸다. 다 때가 있는 법이라고 덧붙이며.

한 달이 흘렀다. 아무 소식이 없었다. 가끔씩 불안했다. 이러다 엎어지는 건 아닌지. 그때 내가 미쳤다고 계약서를 안 써서는! 종이 한 장이 주는 위안이 이리 큰 줄 알았다면 그때 달려들어서 사인할 걸. 동기 부여는 무슨, 계약이 우선이지. 자책을 몇 번이나 했다. 급기야 계약이 취소되는 꿈까지 꿨다.

결국 '의미 일기'를 썼다. 5장에 언급될 의미 일기는, 현재를 받아들이되 그 속에서 삶이 주고자 하는 의미를 유추하는 작업이다. 마음이 힘들거나 심란할 때 도움이 된다.

......

속도가 늦어지는 것에 대해선, 글쎄. 이런 생각이 든다. 더 좋은 타이밍에 책이 나올 수 있게끔 신이 술수를 부리는 거라고. 삶은 언제나 내가 기대한 그 이상의 것을 주지 않던가. 그렇기에 속도에 연연하지 않는다. 방향이 중요할 뿐.

이 출판사와 만난 덕분에, 내 삶, 그리고 삶의 흐름에 대해 더 깊은 고민을 할 수 있었고, 그 고민이 나를 한층 더 앞으로 나아갈 수 있게 해주었다. 모든 일엔 이유가 있고, 모든 시간은 정교한 톱니바퀴처럼 맞물린다는 것을 언제나 기억하길.

'제일 좋은 시기에 딱, 책이 나올 수 있게 해줄 터이니, 걱정 말거라.'
네, 감사합니다. 사랑합니다.

- 2017. 02. 01. 11:30

이후 마음이 다소 편해졌지만 완전히 놓을 순 없었다. 한번씩 상황을 물어보고 싶은 욕구가 치솟았다.
'안부 인사차 연락해 볼까?'
'너스레 떨면서 우는 소리 해볼까?'
'빅토르 위고 흉내를 내볼까?'(빅토르 위고는 아무 응답이 없는 출판사에게 "?"만 써서 편지를 보냈다. 출판사에서 답이 왔다. "!" 후에 밝혀진 『레미제라블』의 출판 계약 에피소드이다.)
별의별 생각을 다하다가 아는 작가님에게 조언을 구했다. 그 작가님은 메일로 정중하게 진행 속도에 대해 물어보라고 했다.
결국 나는 아무것도 하지 않았다. 연락 자체가 중요한 게 아니었다. 나 자신과 하는 힘겨루기였다. 머릿속 목소리에 따르고 싶지 않았다. 여기에 휘둘려서 연락을 한다는 것은 '내맡기기 실험'을 포기하는 거나 마찬가지였다. 1월, 2월, 3월이 지났다. 현재 내가 할 수 있는 일에 집중하며 시간을 보냈다.

3월 21일이었다. 부산 강의를 갔다가 올라오는 차 안, 휴대폰 메시지가 왔다. S출판사다. 너무 반가워서 눈물이 찔끔 나왔다. 원고에 대한 의견을 이메일로 보냈다고 한다. 벅참도 잠시 이젠 웃음이 실실 나왔다. 운전을 하다가 혼자 피식피식 웃었다. 즐겁거나 행복해서가 아니다. 묘한 승리감이었다. 머릿속 목소리를 이겼다는.

원고 피드백을 죽 읽어 내려가다가, 마지막에 가서는 멈출 수밖에 없었다. 상상 이상의 내용을 담고 있었다. 사람이 너무 기쁘면 아무 생각이 안 드나 보다. 웃음도, 울음도 없이 그저 멍하니 모니터를 바라보았다. 출판사는 내 원고를 '우수 출판 콘텐츠'로 등록하고 싶다고 했다. 당선이 되면 명예로운 훈장처럼, 표지에 뭘 달고 세상에 나오는 거다. 당선을 떠나서 출품 자체가 나에겐 이미 영예였다.

원고를 늦춘 의미를 비로소 알 것 같았다. 출품 마감 일자가 바로 3주 후였다. '의미 일기'의 한 문장이 스쳐 지나갔다.

'제일 좋은 시기에 딱, 책이 나올 수 있게 해줄 터이니, 걱정 말거라.'

우연의 법칙은
인생 곳곳에서 우리를 기다린다

우연의 힘을 쉽게 떠올릴 수 있는 방법이 있다. 사랑하는 사람과의 첫 만남이다. 사랑에 빠진 많은 연인이 생각한다. 우리의 만남은 운명이라고. 첫 만남의 그때로 비디오를 되돌려 보면, 아귀가 딱딱 맞아떨어지는 우연이 경이로울 지경이다. "그때 안 만났으면 어쩔 뻔 했어!" 하던 말이 "하필 그때 왜 만나서는……" 이런 푸념으로 바뀔지언정.

나와 신랑 또한 만나게 된 경로를 더듬어 보면 그러하다. 우리는 송파구 어느 술집에서 만났다. 원래 나는 동네 술집으로 갈 생각이 전혀 없었다. 그날 삼성동에서 볼일이 끝났기에 그 동네에서 한잔하고 헤어질 요량이었다. 하지만 함께 있던 지인이 우리 동네로 가자고 권했다. 이동할 기력조차 남아 있지 않던 나는 그냥 여기서 마시자고 우겼다. 지인의 고집 또한 만만치 않았다. 내가 차를 가지고 왔기 때문에 우리 동네로 가는 게 마음 편할 거란다. 결국 툴툴대며 우리 동네로 차를 몰았다. 송파로 이사 간 지 얼마 되지 않아 지리도 몰랐다. 어두운 주택가만 뱅뱅 돌다가 우연히 만난 이자카야. 선택할 여지가 없었다.

신랑은 당시 해외 출장의 반복으로 한국에 체류하는 날이 몇 안 되었다고 한다. 한국은 잠깐 들르는 수준이었다. 그런데 출장 귀국 일자가 3일 앞당겨졌다. 예정보다 일찍 한국에 들어온 그날, 신랑은 내가 있던 술집에 들어왔다.

첫 책 계약은 또 어떤가. 그것 또한 우연의 기적 아닌가. S출판사와 만나기 전 사실, 다른 출판사 계약서를 받은 상황이었다. 투고한 지 얼마 되지 않아 H출판사로부터 계약하자는 전화가 왔다. 생각보다 너무 수월하게 일이 진행되어 얼떨떨했다. 사람 마음이 참 간사하다. 막상 계약서가 눈앞에 놓이니 갈등이 되었다.

'이게 최선일까?'

몇 번의 고민 끝에 신랑과 상의했다.

"괜히 저울질하다가 진짜 행운을 놓칠 수도 있는 거잖아. 첫 책이니까 출판하는 데 의미를 둬야겠지?"

신랑도 동의한다. 감사히 받아들이기로 했다.

그런데 예상치 못한 일이 벌어졌다. H출판사에서 책을 낸 작가에게 연락이 온 것이다. 베스트셀러 작가였다. H출판사 대표가 내 원고를 읽어보라고 해서 전해 받았다고 한다. 원고를 다 읽었는데 다른 출판사를 더 찾아보라고 했다. 의외의 전개였다.

"원고가 괜찮으니 급하게 생각하지 마세요. 케어를 잘 해주는 다른 곳을 천천히 알아보세요."

작가에 대한 출판사 지원이 부족하다는 조언을 해주었다. 자신도 모르고 이곳에서 첫 책을 출판했는데, 실망이었다고.

그렇게 투고가 다시 이어졌다. 목표치의 투고를 끝내고 노트북을 끄려는 순간, S출판사가 떠올랐다. 어미 새였던 S출판사에 투고를 하지 않은 이유가 있었다. 내 원고와 출판사의 방향이 맞지 않다고 생각해서이다. 투고는 하지 않더라도 인사는 드려야 할 것 같았다. 3년 전의 따뜻한 통화가 나에게 얼마나 큰 힘이 되었는가. 비록 그 기획안은 세상에 나오지 못했지만 충분히 감사한 경험이었다. 시간이 흘렀지만 여전히 글을 쓰고 있고, 출판 준비를 하고 있다는 안부를 전했다.

그런데 뜻밖의 답장이 왔다. 원고를 읽었는데 관심이 간다는 내용이었다. 다만 원고의 방향을 조금 수정했으면 좋겠다고 한다. 따지고 말 것도 없이 당연히 '콜!'이었다. 평소 연모하던 상대가 함께 작업을 해보자는데! 나는 S출판사의 책을 참 좋아한다. 인간 본연의 삶을 주로 다룬 책들인데, 한 권, 한 권이 내 가치관에 영향을 미칠 정도다. 내가 다른 사람에게 추천을 하면, 모두들 "너무 멋진 책이었다"는 감상평을 내놓는, 믿고 보는 출판사이다. 3년 만에 연정이 이루어진 느낌이었다.

위대한 일은 대개
'우연'에서 비롯되었다

우연은 삶의 편지다. 우연히 들른 카페에서 우연히 만난 책『포기하는 용기』가 그렇다. 갖지 못해 괴로운 건 놓아버리라는 이야기다. 지금에서 보면 아주 특별한 내용이 아닌데, 그때는 책날개에 있던 이런 문구에 빨려들었다. 쉴 새 없이 책장을 넘겼는데도 다 읽지 못했다. 빌려서라도 마저 읽고 싶었다. 도서관에 있나 검색을 해보니, 평소 내가 다니는 진천군립도서관에는 없었다. 회원 등록이 되어 있지 않은 금왕도서관에는 책이 있었다. 카페에서 진천군립도서관까지는 30분 거리였는데, 금왕도서관까지는 1시간이었다.

고민을 하다가 차를 몰았다. 왠지 가야 할 것 같았다.『포기하는 용기』를 빌리려고 간 것인데, 나는 거기서 '내 인생의 책'을 만났다. 그것 역시 우연이었다. 서고에 꽂힌 책에 꽂힌 것이다.『9번째 지능』이라는 책이었다. 이 책은 나의 가치관과 아이 교육 방향에 있어 많은 영향을 주었다. 마치 이 책을 만나기 위해 처음 가는 카페에 들어갔고, 거기서 나를 부르는 책을 만났으며, 그 책을 핑계로 금왕도서관에 이끌려왔다는 느낌이랄까.

나는 요즘 도서관에서도 우연을 기대한다. 우연이 주는 기쁨 때문이다. 서고 사이에서 어슬렁거리는 게 습관이 되었다. 그렇게 우연히 만난 좋은 책이 많다.『나는 언제나 술래』,『미쓰 윤의 알바일지』,『소원을 이루는 마력』 등이 그렇다. 편향된 나의 책 취향은 우연에 의해서 다양한 맛으로 융합된다. 빼곡히 들어선 '책 숲' 사이에 서 있으면 기묘하다. 내가 책을 선택하는 게 아니라, 책이 나를 선택하는 느낌이다. 어떨 땐 무심히 지나가다가 나도 모르게 붙잡혀, 한 권을 집어들기도 한다. 책을 만나는 나만의 방식이다.

질병의 발견 역시 우연의 산물이다. 녹내장 진단을 받은 환자의 74.2%가 다른 증상 때문에 안과를 방문했다가 우연히 발견되는 것으로 나타났다. 이러한 일이 얼마나 많은가? 교통사고로 우연히 만성 콩팥병을 안 환자도 있다. 병원에 입원해 있으면서 피검사를 한 결과, 신장이 매우 안 좋다는 사실을 처음 알게 된 것이다. 이 경우 교통사고는 사고가 아니라 필연이며, 필연이 행운이 된 경우다.

시댁의 큰 형님도 마찬가지다. 임신 6개월차 갑자기 심한 복통이 느껴졌다. 응급실로 갔지만 더 큰 병원으로 가라는 말을 들었다. 친정이 있는 강릉의 아산병원으로 달려갔다. 검사 결과, 자궁에 혹이 있는데 아이가 커질수록 혹을 눌러서 통증이 발생하는 거라고 한다. 그런데 뜻밖의 사실이 밝혀졌다. 자궁의 혹보다, 산모의 임신중독증이 더 위험한 상황이라는 것이다. 3일만 늦었어도 아이와 산모, 둘 다 목숨을 잃을 뻔 했다고 한다. 우연히 생긴 물혹이 생명을 살린 셈이다.

'위키피디아'는 세계에서 가장 많은 사람이 사용하는 가장 큰 백과사전이다. '위키'는 공동 편집 기술을 일컫는다. 원래 위키는 전문가만 편집할 수 있도록 만든 온라인 백과사전에 사용되었다. 즉, 모두가 자유롭게 글을 쓰고 고칠 수 있는 게 아니라, 중앙 통제형 하향식 체제였다. 기존의 백과사전과 큰 차이가 없었던 것이다. 창업자인 지미 웨일스는 어느 날, 이 기술을 활용해 누구나 편집할 수 있도록 하면 어떨까 하는 아이디어가 우연히 떠올랐다고 한다. 그것이 위키피디아의 시작이었다.

한편, 살만 칸은 수학에 좌절한 사촌동생 나디아의 공부를 도와주고 싶었다. 하지만 거리가 너무 멀었다. 도울 수 있는 방법을 고심하다가 과외 동영상을 찍어 유튜브에 올리기 시작했다. 나디아가 아무 때나 볼 수 있도록.

우연히 다른 사람들이 칸의 동영상을 보기 시작하면서 입소문을 타고 퍼졌다. 교육의 혁명이라 불리는 '칸 아카데미'의 시작이다. 빌 게이츠는 자신의 아들이 칸 아카데미를 통해 공부하는 모습을 우연히 보았다. "나는 미래의 교육을 보았다"는 말을 남긴 빌 게이츠는 칸 아카데미에 650만 달러를 기꺼이 투자했다.

현재 칸 아카데미는 초·중·고교 수준의 수학, 화학, 물리학부터 컴퓨터공학, 금융, 역사, 예술까지 4,000여 개의 동영상 강의를 제공하고 있다. 구글, 디즈니, 뱅크오브아메리카, 넷플렉스 등의 전폭적인 지지와 후원을 받고 있다. 뿐만 아니다. 구글, 마이크로소프트, 페이스북, 맥킨지 등의 세계 최고의 인재들이 강의를 하고 있다.

이를테면, 픽사에서는 애니메이션 강의를 통해 자신들의 노하우를 공유한다. "누구든, 어디에 살든, 저 멀리 몽골의 고아도 빌 게이츠의

자녀와 똑같은 수준의 교육을 못 받을 이유는 없다"는 칸 아카데미의 신념처럼, 교육 평등화를 위한 새로운 교육은 학교 밖에서 일어나고 있다. 교육을 바꾼다는 목표 아래 수많은 교육 콘텐츠를 만들어 낸 MIT 미디어랩(media lab)이 맥을 못 출 정도로 칸 아카데미의 우연의 힘은 강력하다.

고 노무현 대통령은 처음부터 인권 변호사가 아니었다. 돈 잘 버는 세무 변호사였다. 그러다 우연히 부민 사건의 변호를 맡게 되면서 그의 행로는 바뀌었다.

사람들은 큰 목표를 가져야만 위대한 일을 할 수 있다고 생각한다. 하지만 역사는 말한다. 위대한 일은 대개 '우연'에서 비롯되었다고. 심지어 위대한 주인공은 그 일이 어떠한 의미가 있는지조차 모른다. 휘몰아치는 상황에 빠져 들기 때문이다. 삶의 중요한 지점에 서 있는 순간에도 그것을 인지하지 못한다. 위대한 일은 자연스럽고 우연히 시작된다. 나의 역사를 되돌아 보자. 우연의 변곡점을 되짚어 보자. 기회의 순간이 연결되는 지점에서 전율을 느낄 것이다.

언제나 삶은
더 큰 그림을 그린다

"부모님과 합가하는 건 어때?"

신랑이 조심스럽게 물었다. 신랑이 끓여준 맛있는 북엇국을 떠먹던 숟가락이 순간 멈췄다. 벌써 두 번째 나온 말이다. 정말 어쩔 수 없는 일인가?

나는 시부모님을 좋아한다. 어머님 댁에서 설거지를 처음 한 것도 결혼하고도 한참 후였다. 명절 때 음식을 할 때도 부르지 않으신다. 두 분 사정이 넉넉했을 때는 시댁에 갈 때마다 용돈을 받아왔다. 첫 아이를 낳고는 몸부터 추스르라시며, 산후조리원 비용과 보약도 챙겨주셨다. 예전부터 나는 아버님, 어머님께 시골집에서 함께 살자고 말했다. 근처 시골집을 알아보기도 했다. 하지만 그건 훗일이었다. 우리 부부가 시부모님 부양을 해도 부담스럽지 않을 정도로 자리를 잡은 후의 일이었다. 여러 가지 미래 상상도 속의 한 그림이라고 할까?

그런데 그 시기가 너무 빨리 왔다. 시부모님의 경제 상황이 많이 안 좋다고 한다. 마당을 두고 함께 사는 것과, 아파트에 함께 사는 것은 다르다. 공간을 공유하는 것을 넘어 시간까지 공유해야 하기 때문이다. 나는 혼자만의 시간을 매우 중시하는 사람이다. 책을 보고, 글을 쓰는 시간은 하루 중 내게 가장 소중하고도 중요한 시간이다. 밥도 시간 맞춰 먹는 게 아닌, 먹고 싶을 때 먹는 것, 이런 사소한 일상의 흐름이 지켜질 수 있을까? 물론 시부모님은 나의 일상을 존중해 주실 분들이다. 하지만 나는 며느리이지 않은가.

신랑은 말한다. 부모님이 아이를 케어해주실 테니, 아이를 맡기고 당신 하고 싶은 거 할 수 있는 기회라고. 부아가 치밀어 오른다. 왜 오히려 나에게 좋다는 뉘앙스로 설득하는 거지?

"하고 싶은 거? 지금도 하고 싶은 일 하고 있어. 책 보고 글 쓰는 게 내가 하고 싶은 일이야. 아이를 맡기면서까지 하고 싶은 일은 없어."

다시 신랑이 말한다.

"강의도 시간에 구애 받지 않고 마음껏 할 수 있을 거 아냐."

나는 말한다.

"나는 강의를 줄이고 책을 쓰며 살고 싶은 사람이야."

결국 서로 감정이 안 좋아져 싸우고 말았다. 다음 날, 부산 강의 일정 때문에 기차를 타고 내려가는 내내 마음이 불편했다. 함께 살자고 노래 부르던 건 나였는데, 뭐가 이렇게 두려운 거지?

있지도 않은 미래의 상상물을
잃을까봐 두려워하다

가장 큰 두려움은 다시 분가가 가능할지에 대한 부분이다. 시부모님 사정이 좋지 않아서 합가하는 건데, 시부모님은 60대이다. 과연 경제 상황이 나아질 기회가 올 수 있을까? 평생 함께 살아야 하는 것은 아닐까? 평생 함께 살 경우, 우리 가족계획이 어그러진다. 신랑은 결혼 전부터 유럽에 가서 일하고 싶어 했다. 첫 아이 임신 기간 중, 유럽행이 바로 눈앞에 오기도 했다. 모든 근무 조건 협의가 끝나고 신랑의 선택만 남은 상황이었다. 신랑이 먼저 유럽에 나가 있고, 나는 한국에서 출산을 한 후 아기가 생후 100일이 지나면 합류하기로 했다. 신랑은 결국 포기했다. 갓 태어난 아기와 함께 지내지 못한다는 점을 용납하지 못했다. 아쉽지만 다음 기회를 기다리기로 했다.

이제 그 아기가 벌써 만 3세가 되었다. 다시 유럽 취업을 슬슬 준비해도 될 때이다. 하지만 신랑은 갈수록 기울어가는 시댁 사정으로 해외 취업에 더 이상 마음이 없어 보였다. 만약 분가가 어렵다면 우리 가족의 유럽 이주 계획은 물거품이 되는 거다.

사실 유럽행 역시 나의 '라이프 플랜'에 있던 미래는 아니었다. 내게 '터전'이란 함부로 옮길 수 있는 자유의 영역이 아니었기 때문이다. 하지만 터전을 몇 번 옮기면서 '집'이야말로 자유를 가로막는 족

쉐라는 것을 깨달았다. 태어난 부산을 떠나지 못하는 한계에 갇혀 있던 내가 서울로 갔다. 모든 것이 모여 있는 서울이 아니면 못살 것 같은 시기를 지나서, 충북으로 왔다. '여기 아니면 못 살 것 같은' 공간에 대한 한계가 서서히 허물어진 것이다.

사람들이 모두 좋다고 하는 거대 도시 서울에서 한 발자국 물러나 보니 비로소 서울의 비정상이 보였다. 정상 궤도를 찾아갈수록 점차 행복해졌다. 자연스레 삶의 질에 관심이 갔다.

'이 좁은 대한민국 안에서도 거주지를 옮겼을 뿐인데 삶의 질이 높아졌다면, 천혜의 환경과 여유가 있다는 유럽이라면 삶의 질이 더 높아지겠네?'

이런 마음이 들기 시작한 것은 자연스러운 일이었다.

아, 삶의 터전을 한곳만 고집하는 것이야말로 비정상적인 사고방식이었구나, 사람은 자기가 살고 싶은 곳을 선택해서 살 권리가 있고, 그 장소가 평생 여러 곳에 걸칠 수도 있겠구나 싶었다. 이는 살아가는 것에 대한 자신감과 약간의 모험 정신까지 불러일으켰다. 결국 내 인생에 존재하지 않을 것 같았던 유럽행에 대한 가능성이 점차 커진 셈이다. 아예 몰랐던 세상에 마음이 열리면, 그 가치는 원래보다 훨씬 더 커 보인다. 유럽이 내겐 그런 존재였다. 그래서 유럽행 무산은 마치 당첨된 복권을 잃어버린 느낌이었다.

아이 교육을 유럽에서 시키고 싶은 내 마음에 지진이 났다. 또한 시부모님과 함께 사는 데서 오는 불편함이 두렵다. 합가가 싫지는 않지만 불편하다. 내 양대로 먹는데도 "왜 이렇게 조금만 먹니" 하시는 말씀, 물건을 버리지 못하시는 시부모님 라이프스타일, 집에서도 편하게 입지 못하는 옷 등. 사소한 마찰로 인한 갈등이 두렵다. 부산행 기차 안에서 한숨이 푹 나왔다.

부산 강의가 끝나고 집 대신 경주로 향했다. 생각할 시간이 필요했다. 경주 숙소에 들어가 침대에 뻗었다. 가만히 누워 천정만 멀뚱멀뚱 바라봤다. 친정 엄마한테 전화를 했다.

"내가 시부모님이랑 같이 살 팔자일 줄 상상이나 했겠냐고."

앓는 소리를 듣던 엄마는 웃음을 터트리셨다. 엄마에게 『될 일은 된다』 이야기를 꺼냈다. 이 책이 지금 내 마음을 유일하게 다스려 주는 존재였다. 일이 어떻게 전개될지 모르겠지만, 삶이 내게 좋지 않은 것을 주지 않을 거란 건 기정사실이다. 그런데도 호불호를 내려놓는 게 쉽지 않았다. 엄마는 내 이야기를 듣더니 말씀하셨다.

"네 인생이 『될 일은 된다』처럼 되는 것 아냐? 엄마도 처음엔 걱정했는데, 듣고 보니 좋은 기회 같은데? 한번 잘 활용해 봐."

마이클 A. 싱어는 삶이 본인을 어디로 데려가는지 40년을 지켜보았다. 과감하게 자신을 내려놓고 삶의 흐름을 신뢰했다. 마이클은 '수용 연습'으로 내맡기기를 시작했다. 비가 오는 날이면 '왜 하필 오늘 비가 내리는 거지?'라고 생각하는 대신 '비가 내리는구나, 참 아름답다'라고 수용했다.

이 사소한 방법으로 시작한 그의 수용 실험은, 6인승 자가용 제트기를 가질 수 있을 정도의 부와 명예와 평온을 안겨주었다. 그의 기업이 거대해져서 미국 정부와 지루한 법정 싸움을 할 때조차 그는 내맡겼다. 그의 '빅 핸즈'를 지켜보는 과정은 내내 흥미롭다. 호불호를 내려놓은 그의 삶은 산산조각나기는커녕 정 반대의 상황이 벌어졌다.

그는 '내맡기기'를 하면 부자가 될 수 있다는 것을 말하고자 하는 게 아니다. 시크릿류의 서적이 사람들의 욕망을 매혹할 때, 그는 오히려 모든 욕망을 내려놓았다. 다른 사람들이 우주에 대고 자신의 소원을 끌어당길 때, 그는 우주가 그려 놓은 그림대로 따라갔다. 자신의 선택이 필요한 매 순간마다 삶의 흐름에 맡기고 그 흐름을 수용했다. 툴툴거리는 대신 제3자의 마음으로 상황을 바라보는 것은 마인드컨트롤에도 상당히 도움이 된다.

'시골집에 가서 살겠다', '유럽에서 아이 교육을 시키겠다'는 것은 모두 나의 계획이다. 삶의 우연을 믿기로 했으면서 내가 세운 한낱 계획에 발이 묶인 것이다. 아직 시골집은 내 눈앞에 있지도 않고, 유럽으로 갈 수 있는 상황도 펼쳐지지 않았다. 있지도 않은 미래의 상상물을 잃을까봐 두려워한 것이다. 그래, 언제나 삶은 내가 그린 그림보다 더 큰 그림을 그린다. 엉뚱하게 만난 종교 덕분에 삶의 힘을 믿게 된 것도, 거절당했던 일이 두 배로 돌아온 것도, 마음고생 시킨 원고가 좋은 소식을 들고 찾아온 것도 모두 삶이 그려준 그림이다.

기쁘고 황홀한 순간도, 버겁고 힘든 순간도 삶이다

여전히 내적 저항이 조금씩 올라온다. 어쩌면 이 일은 삶의 거대한 테스트일지 모른다는 생각도 든다. 내가 과연 온전히 내맡기기의 힘을 믿는지, 나의 주머니는 얼마나 큰지 알아보기 위해서.

우리 부부는 좋지 않은 지출 습관을 지니고 있다. 수중에 있는 돈을 모두 써버린다는 것이다. 돈을 모으면 차를 바꾸고, 돈을 모으면 여행을 가고, 소액의 '공돈'이 들어오면 외식을 하는 식이다. 이렇게 가진 돈을 모두 써버리니 수중에 목돈이 있을 리 없다. 그런데 인생은 언제나 유동적이다. 갑자기 큰돈을 써야 할 일이 생긴다. 신기하게도 그럴 때마다 갑작스럽게 돈이 생겼다. 미혼 시절에 가입하고 잊어버렸던 연금 통장이 발견된다든가, 신랑 회사 상여금이 들어온다든가, 강사료가 제때 입금된다든가 하는. 필요할 때마다 누군가 조금씩 돈 주머니를 채워주는 느낌이다. 이런 느낌을 받고서 신랑에게 말했다.

"여보, 우리가 소비 습관을 고치지 않으면 돈이 못 들어와. 주면 써버리고, 주면 써버리는데 어떻게 우릴 믿고 큰돈을 주겠어? 삶은 지금 우리를 지켜보는 거야. 돈 주머니를 어떻게 관리하나. 필요할 때마다 조금씩 해결해주긴 하지만, 우리가 돈을 제대로 관리하게 될 때, 그때 큰돈이 들어올 거야."

시부모님의 경제 상황이 조금씩 나빠지기 시작할 때, 아주버님 댁하고도 금전 관계가 얽혔다. 가족도 별수 없었다. '돈'이 끼어드니 마음 상하는 건 순식간이었다. 시댁과 몇 번의 돈 문제를 겪다 보니, 나의 돈 관념이 조금씩 허물어지기 시작했다. 그동안 내 무의식은 돈을 부정적인 것으로 간주했다. 많이 있으면 불행해지는 것, 돈을 좋아하면 속물, 돈을 밝히면 패망하는 지름길이라고 말이다. 나의 돈 주머니가 이럴진대 어떻게 많은 돈을 받을 수 있겠는가. 많이 먹으면 살찐다고 고집 부리는 사람에게 아무리 좋은 음식을 들이밀어도 소용없다. 받는 사람 마음(크기)인 것이다.

내게 돈의 필요성을 느끼게 해주려는 삶의 술수 같았다. 돈 주머니를 넓혀주기 위한 일종의 장치였던 셈이다. 그때부터 돈에 대한 정화를 열심히 했다. 부에 관한 책을 열심히 읽으며 돈의 성질에 대해 조금씩 알아갔다. 어느 날, 문학회 모임에서 『데미안』 이야기가 나왔다. 퇴직 교사 한 분이 말씀하셨다.

"그러니까, 쓰라고 세상이 만들어 됐는데 왜 군이 금욕을 해서 고달프게 살려고 하느냐고. 돈도 그렇고, 성욕도 그렇잖아. 인간에게 필요하니까 신이 만들어 둔 거 아냐? 그런데 왜 이성도, 술도, 돈도 멀리해야만 존경받을 수 있다고 생각하는 거지?"

명쾌한 해답이었다. 세상이 만들어 둔 프레임에 갇혀 있었던 것이다. 과유불급을 떠나서, 본질적으로 세상의 모든 것은 삶이 주신 거다. 이렇게 점차 나의 돈 주머니는 넓혀져 가고 있다.

내 앞에 펼쳐진 예상치 못한 사건들은 내 인생관을 바꾸고 있다. 기쁘고 황홀한 순간도, 버겁고 힘든 순간도 삶이다. 삶이 준 의미를 따라가다 보면, 어느새 내가 그린 그림보다 더 큰 그림이 그려져 있을 것이다. 삶의 흐름 속에 선택을 하고, 선택 속에 삶의 흐름이 있다는 것을 기억하고자 한다. 이 말을 되새기면서.

"Life Knows Better(될 일은 된다)!"

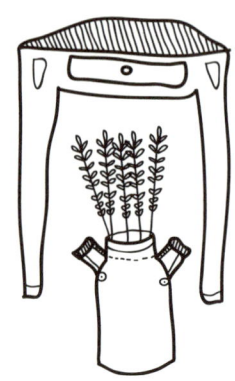

필 때 되면 피는 꽃처럼
삶은 그저 그려질 뿐이다

　　　　　　아이 하원 길이었다. 3월 말이었지만 날씨는 으슬
으슬하게 서늘했다. 콧물을 흘리면서도 바깥 놀이를 하고 싶다는 아
이를 어르고 달래며 집으로 걸음을 재촉했다. 순간 앙상한 나뭇가지
가 눈에 들어왔다. 여전히 겨울잠을 자듯 나뭇가지엔 생기가 없어 보
였다. 그런데 그 바싹 마른 나무에 작은 노란 꽃이 총총 앉아 있는 게
아닌가. 투명한 젤리 같은 '햇꽃'이었다. 피었다는 표현이 어색할 정
도였다. 이제 막 돋아나는 모습에 나도 모르게 소리를 질렀다.

　"어머! 세상에! 대견하다, 대견해."

　아기 꽃은 생전 느껴 보지 못한 뭉클함을 주었다. 나이가 들수록 꽃
이 예뻐 보인다더니 벌써 그럴 나이인가? 봄날이 되면 푸른 하늘과
따뜻한 바람에만 온 신경이 쏠렸다. 내 몸과 마음을 스르르 풀어헤치

게 만드니 "아, 기분 좋다!"는 말이 절로 나왔다. 길거리 꽃은 당연히 봄이니까 피는 것들이었다. 그렇게 당연한 것에 마음이 동하다니 이게 웬일인가? 망울망울한 꽃을 하염없이 들여다보았다. 새끼 새 같았다. 털도, 눈꺼풀도 없는 투명한 새끼 새. 아직도 날이 추운데 어쩌자고 벌써 세상에 나온 것일까. 괜히 짠한 마음이 든다. 엄지 손톱만한 꽃망울을 집게손가락으로 톡톡 건드려 본다.

"아유, 예뻐라! 정말 대견하네. 예뻐, 예뻐."

멈춰 선 엄마 걸음에 이번엔 아이가 빨리 가자고 재촉한다. 꽃은 날씨를 탓하지 않는다. 피어야 할 때가 되니 핀 것이다. 날씨가 추워도 그러려니 받아들인다. 곧 따뜻해질 것을 아니, 가만 기다릴 뿐이다. 그렇게 꽃은 다만 필뿐이다.

한 초등학교 교실. 선생님은 학생들에게 말한다.

"오늘은 여러분 속에 생각나는 것을 그려보세요."

아이들은 제각기 자신만의 그림을 그린다. 노란 피카추, 분홍 토끼, 용맹한 장수벌레……. 책상 사이를 걸으며 학생들의 그림을 둘러보던 선생님은 한 아이 책상 앞에 멈춰 선다. 아이는 도화지 가득 검은색만 칠하고 있다. 선생님은 근심 가득한 표정으로 도화지를 교무실로 가지고 온다. 그 그림을 본 다른 교사들도 덩달아 표정이 어두워진다. 아이는 친구들이 모두 가고 난 텅 빈 교실 안에서 여전히 도화지마다 검은색을 칠할 뿐이다. 결국 담임교사는 학부모 면담을 하기에 이른다. 학부모 역시 고개를 숙이고 만다. 아이는 집에 와서도 종일 검은색만 칠해대고 있었던 것이다.

'자폐증이 아닐까?'

결국 아이는 대형병원에 가서 검사를 받는다. 연륜 있는 의사들이 "뭘 그리고 있는지 알려줄 수 있니?"라고 물어도 아이는 대답하지 않는다. 여전히 검정 크레파스로 흰 도화지를 가득 칠할 뿐. 아이는 결국 병원에 입원하고 만다. 병원 안에서도 아이의 행동은 멈추지 않는다. 아이 주변 한가득 검은색 도화지가 널브러져 있다. 아이를 감시하던 간호사는 어느 날, 이상한 점을 발견한다. 수 백 장 그림 중 두 장이 연결된 그림임을 본 것이다. 어른들은 다급히 아이의 그림을 끼워맞춰 본다. 아이의 그림은 거대한 고래였다. 큰 그림은 멀리서 보아야만 보이는 법이다.

"다른 곳만을 너무 바라보면 지금 주어진 것을 알 수가 없어"

이런 일이 내게 닥치면 어떨까? 높은 인구 밀도와 파괴된 생태계 때문에 더 이상 살기에 적합하지 않은 지구를 나는 떠나기로 한다. 나를 비롯한 5천 명의 승객은 이주 우주선 안에서 120년 동안 동면 상태에 든다. 우리는 120년 동안 '죽은 상태'에 있다가 행성에 도착하기 4개월 전에 깨어날 것이다.

드디어 그날이 왔다. 나는 동면 상태에서 깨어났다. 그런데 이상하다. 나와 또 한 사람, 단 두 명만이 우주선 안에 존재한다. 다른 승객들은 동면기 안에 그대로 잠들어 있다. 어떤 이유에선지 나는 무려 90년이나 빨리 깨어난 것이다! 모든 방법을 동원해 보지만 다시 동면에 들 수는 없다. 말 그대로 이 우주선 안이 내 인생의 전부이자 끝인 것이다. 이럴 때 나는 어떤 선택을 할까?

영화 〈패신저스〉의 줄거리다. 신랑의 추천으로 영화를 보면서 오만 가지의 감정이 들었다. 여주인공의 성향이 나와 비슷했기 때문이다. 여주인공 오로라는 작가이다. 이 여자는 새로운 행성에 가서 1년만 살다가 다시 지구로 되돌아갈 계획이다. 250년 후의 미래로 말이다. 그 누구도 경험하지 못한 새로운 글을 쓸 목표를 가지고 우주선에 올랐다. 그런데 그 계획은 산산조각 나버렸다. 그 안에서 인생의 의미와 목적을 지니고 살아갈 수 있을까?

결혼 초, 나는 굉장히 불안한 상태였다. 결혼하자마자 임신을 했기에 정체성이 흔들렸다. 나는 아직 여자로서, 개인으로서 해야 할 일이 있는데, 갑자기 엄마가 되어버린 것이다. 목표와 꿈이 먼 미래로 밀려났다. 그때 가서 그것을 할 수 있을지조차 미지수였다. 삶의 의미를 잃어버린 나는 우울감과 조급함 속에 살아야 했다. 그 즈음 신랑에게 자주 졸랐다. 빨리 유럽으로 가자고. 유럽으로 가면 새로운 삶이 시작될 것 같았다. 새로운 환경, 새로운 사람이 기분 좋은 긴장감을 내게 줄 것 같았다. 별 특별한 것 없는 나의 생활에 생기가 돌 것 같았다.

유럽행은 구원이었다. 나의 히스테리를 받아주던 신랑은 어느 날 내게 이런 말을 했다.

"여기서 행복할 수 없다면, 거기서도 행복할 수 없어."

나는 우주선 안의 오로라였다. 새로운 행성에 가야만 이루어질 행복이 있다. 나의 미래를 완성해줄 완벽한 목표는 120년 떨어진 저 행성에 존재한다. 지금 이 곳은 나를 가두어 놓는 보잘것없는 작은 곳이다.

오로라는 가족, 친구 등 많은 것을 포기하고 우주선에 올랐다. 꿈이 사라진 상황에서 극도의 혼란과 슬픔을 느낀 것은 당연하다. 그러다가 떠나기 전 가졌던 친구들과의 파티 동영상을 다시 보게 된다. 오로라의 가장 친한 친구는 이런 말을 한다.

"오로라, 난 네가 항상 무언가에 목말라하는 것 같았어. 다른 곳만을 너무 바라보면 지금 주어진 것을 알 수가 없어."

신랑의 말에 나는 한 방 얻어맞은 기분이었다. 나는 지금, 여기, 오늘 행복해질 일을 찾기로 했다. 그게 글이었다. 글을 쓰기 시작한 후 나는 안정을 되찾아갔다. 책 한 권을 쓰겠다는 목표보다, 오늘 해야 할 일에 집중했다. A4 2매 쓰기. '당장 오늘 하루만 보는' 방식은 현재에 집중할 수 있는 힘이 되었다. 미래를 준비하지 않는다고 인생이 망가졌는가? 오히려 그 반대다. 그 글이 모이고 모여, 책 두 권 분량 치를 만들어냈다. '1년 안에 책 두 권 내기'라는 목표를 세운 적이 없는데도 말이다. 더 신기한 것은 쓰면 쓸수록 쓸거리가 생겨난다는 것이다. 벌써 세 번째, 네 번째 책의 주제가 내 노트 안에 메모되어 있다. 나는 그저 매일 적었을 뿐이다.

영성과 일상은 언제나 함께 흘러가야 한다

　　　　내 삶의 방향은 결혼 후부터 서서히 바뀌어 오다가 최근에 들어와서 급격한 전환기를 맞았다. 그저 흘러가는 대로 살기로 마음먹은 후부터 삶은 수월해졌다. 삶의 흐름 속에 선택을 하고, 선택 속에 삶의 흐름이 있다. 그런데 내맡기기 초반에 한 가지 과오를 저지를 뻔 했다. 평온한 상태가 유지되다 보니 이 상태를 깨고 싶지 않았다. 외부의 어떤 것이라도 내 삶에 끼어드는 것을 원치 않았다. 그럴 경우 나의 평온한 리듬이 헝클어져 '이전의' 상태로 돌아갈 것 같았다.

　나도 모르게 은둔자로 살기 시작했다. 아이가 어린이집에 가 있는 6-7시간 동안 누구도 만나지 않고 나 혼자 고요한 상태에 머물렀다. 휴대폰조차 방해가 되어 무음으로 해두기도 했다. 그러다 보니 혼자 책 쓰는 것 이외의 모든 활동이 무의미하게 느껴졌다. 피곤한 인생에서 벗어난 것이 너무 좋은 나머지, 아예 인생에서 빠져버리려 한 것이다.

이 간극에 대한 답은 마이클이 말해 준다. 마이클 A.싱어는 거대한 영성 공동체 리더이다. 그는 돈을 벌기 위한 직업을 여러 개 가지고 있다. 건축업을 하기도 하고, 컴퓨터 프로그래밍도 한다. 성공한 사업가가 된 그도 초기에는 전업 명상가를 지향했다. 명상의 상태에 계속하여 머물고 싶은 마음에 대학 강의가 끝나는 즉시 부리나케 숲으로 되돌아오곤 했다. 깊은 명상에 들 때 나오는 알파파는 긴장을 풀고 마음이 평온할 때 나오는 뇌파이다.

마이클은 거의 대부분의 시간을 명상으로 보냈는데, '중독'처럼 빠져나오지 못하는 모습을 보면 명상에 대한 궁금증이 강하게 일기도 한다. 어쨌든 마이클 역시, 영성과 일상의 분리를 위해 애썼던 것이다. 이는 막 영성 공부에 진입한 나에게 좋은 지침이 되었다. 명상은 일상 속에서 이루어져야 하는 행위다.

일상이란, 사랑을 하고 우정을 나누고 돈을 버는 모든 행위를 말한다. 은둔자로 홀로 명상을 하면 삶의 어떤 고뇌와 직면할 수 있겠는가. 영성과 일상은 별개의 것이 아니다. 나는 원래 운영하던 블로그를 접고 다른 블로그를 개설한 적이 있다. 원래 운영하던 블로그는 나를 홍보하기 위한 채널이었다. 내맡기기를 하던 어느 날 '이런 강의를 하고, 이런 활동을 하고 있습니다'로 점철된 나의 블로그가 갑자기 꼴도 보기 싫어졌다. 애쓰지 않고 살아가기로 결심한 내게, 그건 나를 더 잘 팔기 위해 애를 쓰는 모습이었다.

결국 그 블로그를 내버려두고 '영성 기록'만을 위한 블로그를 새로

열었다. 처음에는 편했다. 이 블로그의 주인이 누구인지 아는 사람이 없으니, 남 신경 쓰지 않고 나만의 기록을 할 수 있었다. 그런데 시간이 지날수록 이 역시 숲속의 은둔자의 또 다른 모습이라는 걸 깨달았다. 일상 속의 영성이 아닌, 영성을 위한 영성일 뿐이었다. 사람들은 한 개인의 영성 일지를 궁금해 하지 않는다. 일을 하고, 돈을 벌고, 관계를 맺는 와중에 삶의 기적이 어떻게 일어나는지를 더 궁금해 한다. 그게 바로 삶이기 때문이다. 나의 삶에 흥미를 가지는 사람이 많아야 삶의 흐름에 대해서도 알려줄 수 있는 것이다. 영성과 일상은 언제나 함께 흘러가야 한다.

판단의 오류를 찾은 요즘 다시 블로그 정비를 하고 있다. 내가 어떤 또 다른 일을 하게 될지는 나조차 모른다. 다만 삶이 안내하는 대로, 손짓하는 대로 따라가 볼 뿐이다. 연결될 것 같지 않은 일이 펼쳐져 있어도 그저 받아들일 뿐이다. 고래 그림의 배 부분이 될지, 등 부분이 될지도 모른 채. 필 때 되면 피는 꽃처럼 그렇게 삶은 그저 그려질 뿐이다.

빅 핸즈,
양치기 개처럼 나를 안내하다

　　　　　먼 길을 돌고 돌아 글 쓰는 삶을 만났다. 글은 현재를 살 수 있게 해주었다. 사실 몇 달 전까지만 해도 글은 내게 좋은 대접을 못 받았다. 할 일 다 한 후 자투리 시간을 활용해 쓰는 것이 글이었다. 당연히 일주일에 한 번도 쓰지 못했다. 할 일 다 한 후는 피곤하다. 자투리 시간에는 책을 보거나 잠을 잤다. 이러다가 평생 글을 쓰면서 살고 싶다는 내 소망은 버킷 리스트로만 남을 것 같았다.

　그때부터 글을 모든 일상에서 우선순위로 두었다. 3월 신학기 내내 신입생 대상 강의, 회의, 피드백의 반복이었다. 집에 돌아오면 녹초가 되었다. 피곤해서 죽을 것 같아도 노트북을 켰다. 오후 8시건, 밤 11시건 무조건 켰다. 졸리고 지쳐서 눈과 머리와 손이 따로 놀아도 끝까지 붙들고 있었다. 그러다 보니 서너 시간이 걸려서야 글 한 편을 겨우 완성했다. 글을 쓰다가 잠들어 버릴 때도 있었다.

'글 다 써야 하는데……'

자는 도중에도 문득문득 생각났다. 결국 새벽에 일어나서 마무리하고서야 '매일 해야 할 첫 번째 일'을 했다는 안도감이 들었다.

일주일에 몇 번 신랑과 마시던 술도 끊었다. 술을 마시면 그대로 잠들 게 뻔해서다. 그동안 얼마나 마셔댔으면 술 좀 안 마신다고 살이 빠질 정도였다. '매일 글쓰기' 습관이 들었다. 다시는 내 삶의 방향을 잃지 않겠다는 혼자만의 의식이었다.

그런데도 가끔 '돈벌이'에 대한 두려움이 나를 사로잡았다. 노동력을 제공하면 즉시 재화가 나오는 일반 노동과 글쓰기는 달랐다. 글쓰기는 인삼 농사 같다. 씨를 한 번 뿌리면 최소 3년에서 최장 10년은 재배해야 하는 인삼. 10년이 걸리더라도 수확할 수 있다면 다행이다. 중간에 병충해나 천재지변이라는 변수도 있다. 몇 년 투자하고도 성과가 없을 수 있는 일이다.

이러한 이유로 당장 벌 수 있는 돈벌이에 흔들린 적이 몇 번 된다. 갑자기 취업 사이트에 접속해선 '파트너 강사'로 이곳저곳 찔러 넣은 건 불가항력이었다. 그 과정에서 '삶의 흐름'이라고 착각까지 했다.

1. 평소 들어가지 않던 강사 교류 카페에 들어갔다가 구인 공고를 보게 된다.
2. 공고 주소를 타고 들어가니 취업 사이트로 연결된다.

3. 취업 사이트를 보니, 파트너 강사/프리랜서 강사를 구하는 업체가 많다.
4. 심지어 한 곳은, 충북 거점을 정해 두고 지점 형태로 사업을 키운다고 한다.
5. 업체가 공지한 연봉에 마음이 확 갔다.

대박! 이런 정보를 안 건 우연이 아니야! 평소 접속하지 않았던 네이버 카페에 들어간 이유는 이거였어, 이건 삶의 손길이야!

자기소개서를 10년 만에 썼다. 여러 군데 지원하고 나니 괜히 기분이 좋았다. 있지도 않은 돈의 지출 계획을 세우니 마음이 부풀어 올랐다. 기쁜 마음으로 책 한 권을 들었다. 여기서부터 좀 이상했다. 아니, 처음에는 이상한 줄도 몰랐다. 하필 내가 집어든 책은 '내면의 흐름'에 대한 책이었다. 가벼운 인문서인 줄 알았는데 내면의 흐름에 따라 살아가라는 내용이었다. 나의 아킬레스건이었다.

사실 지원을 하면서도 어딘가 찜찜한 구석이 있었지만 돈 벌고 싶은 생각에 모른 체 했다. 하지만 책을 읽을수록 찜찜함은 더해졌다. 그 길이 아니니까 얼른 지원 취소나 하라고 무언가가 소리치는 걸 들었다. 무시했다. 그러나 아닌 걸 알면서도 밀고 나가는 양심의 가책이 상당했다. 이 무게를 이기지 못해 친구에게 연락했다. 나의 선택에 대한 지지를 받고 싶었다. 하지만 친구는 내가 듣고 싶은 말을 해주지 않았다. 오히려 평소 소명이 아닌 파트너 강사를 지원한 데에 대해 약간 실망한 눈치였다.

'에라, 모르겠다! 이 길이 아니라면 삶이 또 신호를 주겠지.'

잠시 후 한 업체에서 연락이 왔다.

"지원서를 받았어요. 그런데 바로 어제 마감을 하여 업체에 서류를 다 넘겼어요. 기회가 되면 다음에 함께해요."

이때만 해도 '아쉽다'라는 생각일 뿐, 빅 핸즈가 개입 중인 줄 몰랐다. 그날 저녁, 신랑과 밥을 먹고 있는데 전화가 왔다. 모르는 번호였다. 딱 보니 업체 전화 같았다. 목소리를 가다듬고, 통화 버튼을 누르는 순간! 휴대폰이 꺼졌다. 이걸 어째, 애써 침착하며 다시 휴대폰을 켰는데, 나는 인정해야만 했다. 마음의 불편함도, 탈락도 먹히지 않으니 '이런 방식'으로 나의 방향을 알리려는 삶의 신호를. 다시 전화하기 위해 통화 목록을 봤는데, 분명 화면에 떴던 전화번호 기록이 사라진 것이다. 결국 나는 모든 지원서를 취소했다.

거대한 손 모양으로 변한 에너지가
나를 품어주는 상상

삶의 흐름은 여기서 멈추지 않았다. 다음 날 잠에서 깬 나는 깜짝 놀랐다. 친하게 지내던 후배에게 장문의 카톡이 와 있는 것이다. 만나기로 한 약속을 두어 번 미룬 것에 대해 서운함을 토로하고 있었다. 급한 마음에 노트북을 켜고 장문의 답문을 보냈다. 사과의 의미로 함께 여행 갈만한 곳을 찾아보았다. 근처 교외 괜찮은 카페가 있나 검색도 했다. 그러다가 우연히 '손금 봐주는 카페'를 발견했다. 공정 무역 커피를 쓰는데다가 커피 맛도 일품이라고 한다. 확 끌렸다. 하지만 신랑이 차를 가지고 나간 터라, 거기까지 갈 방법이 없었다.

'다음에 가보지, 뭐' 하던 차에 거짓말처럼 신랑에게 먼저 연락이 왔다. 점심 같이 먹자고 한다. 신랑과 함께 점심을 먹고 신랑 회사까지 태워다 주었다. 그리고 차를 끌고 손금 카페로 갔다. 손금을 봐주시는 분이 놀랍게도 책을 몇 권 냈고, 글을 쓰는 사람이었다. 첫 만남인데도 많은 대화를 나눴다. 마침 문학에 관심 있는 카페 손님이 몇 분 계신다고 한다.

"한번 만나볼래요?"

그냥 하시는 말씀인 줄 알았는데, 정말로, 다음 주 화요일, 7명이 모였다. '이음 문학회'의 시작이었다. 벌써 반년 째 10명이 넘는 회원이 모여 꾸준히 책, 영화, 시를 나누고 있다. 글쓰기가 나의 하루 일과 중 1순위라면, 이음 문학회는 일주일 일과 중 1순위라고 할 수 있다. 가끔 '딴짓'에 눈길이 가도 카페 사장님의 강력한 설득에 결국 글만 쓰기로 한다. 삶이 배치한 수호신 같다.

이 시기, '나의 너머'의 세상을 들을 기회도 있었다. 어느 날 '새 댓글' 알림이 떴다. 지역 커뮤니티였다. 명상에 관심이 있는데 도움을 주실 수 있는 분을 찾는다는 글을 올린 적이 있다. 벌써 한 달 전 일이었다. 뒤늦게 댓글이 달린 것이다. 강사 지원 취소를 한 후에도 사실 끊임없는 질문에 시달리고 있었다. 왜 나는 글쓰기와 내면 공부에 끌리는 것인가, 내 호불호인가, 무의식의 욕망인가, 아니면 삶이 안내해주는 나의 길인가에 대한 질문이었다. '명상'이 이러한 질문의 답에 도움이 되는지 궁금했다. 결국 그분을 만났다. 그분의 말이 아직 기억난다.

"엄청 신기했어요. 이 시골에 명상에 관심이 있는 사람이 있다니. 처음에는 다단계인가 의심도 했다니까요."

나는 박장대소를 했다. 나 역시 비슷한 생각을 했기 때문이다. 그분은 명상을 한 지 15년이 훌쩍 넘었고, 대학생 때 인도에도 다녀왔다고 한다. 그분이 '스승'이라 부르는 분은 '오쇼'라는 자였다. 덕분에 인도 철학자 '오쇼 라즈니쉬'를 알게 되었다. 오쇼는, 내가 그토록 궁금해 했던 '삶의 흐름'에 대해 이야기하고 있었다. 오쇼를 통해 내가 느끼는 이 에너지가 끼워 맞추기 식의 합리화가 아니라는 사실을 분명히 알게 되었다.

요 일주일 동안 연속으로 일어난 삶의 손길 덕분에 나는 더 이상 방황하지 않았다. 다만 궁금증은 여전했다. 내가 과연 강의가 아닌 글쓰기로 먹고 살 수 있는지에 대해. 다음 주 수요일 예정된 강의가 있던 어느 날이었다. 수요일 강의가 너무 하기 싫었다. '매일 글쓰기'를 한 이후부터 더더욱 그랬다. 그 주 토요일, 삶에게 물었다.

"제가 강사가 아닌, 전업 작가로 살 수 있는지 답을 보여 주세요."

그리고 토요일 밤부터 시작된 목 통증과 목소리 변성. 목소리가 아예 나오지 않았다. 억지로 말을 할라치면 금연 광고에서 보던 후두암 환자의 목소리처럼 나왔다. 월요일, 병원에 갔더니 '역류성 인후염'이란다. 목을 쓰지 마란다. 심해지면 입원까지 해야 한다고 의사가 당부한다.

결국 이틀 후의 수요일 강의는 일주일 연기되었다. 주문서를 넣을 때 답의 형태에 대해 예상을 해보긴 했다. 가장 쉬운 예상은 강의가 취소되었다는 연락을 먼저 받는 거였다. 그런데 웬걸. 인후염으로 말을 못하게 만들다니. 과연 "말이 아닌 글로 먹고 살 수 있나요?"에 대한 확실한 대답 아닌가. 소식을 들은 강사 친구는 "말을 해야 하는 강사가 말을 할 수 없다니!"라고 탄식했지만, 나에겐 강력한 삶의 메시지였다.

삶의 손길은 양치기 개다. 내가 궤도를 이탈하려 할 때마다 살살살 나를 몬다. 그쪽이 아니라 이쪽이라고. 강력한 메시지로 전하는 경우도 있지만, 소소한 일상에서도 느껴진다. 그럴 땐 '말 안 듣는 나 때문에 고생이 많다'는 생각에 웃음이 나온다. 동시에 느낀다. 삶은 나를 엄청 사랑한다는 진리를! 그럴 때마다 형용할 수 없는 감사함과 벅참이 온몸으로 퍼져 나간다. 빅 핸즈는 나를, 우리 가족을, 우리 집을, 충북을, 대한민국을, 지구를, 우주를 감싸고 있는 가장 큰 에너지다. 가끔 나는 잠들기 전 상상한다. 거대한 손 모양으로 변한 에너지가 나를 따뜻하게 품어주는 이미지를. 그 따스한 손이 나의 궤도에 흐르는 에너지를 정비하고 있는 모습을.

Life in flow, Flow in life

Part 4

● ● ● ● ●

모든 것은 도트 커넥션이다

우리는 지금
점 하나를 찍고 있다

　　　　　　내 인생 그래프를 그려본 적이 있는가? 지금 빈 여백에 한번 그려 보자. 옆에 있는 아무 종이에 그려도 좋고, 전단지 뒷면도 좋고, 식당이라면 냅킨이라도 좋다. 손에 잡히는 아무 종이면 된다. 스마트폰 기능을 활용해도 좋다.

　내 인생의 큰 사건이 일어난 연도를 가로축에 적는다. 0점을 기준으로 연도별 사건을 적고, 각 사건에 점수를 준다. 점을 이으면 내 인생 그래프가 된다. 그래프 모양이 어떠한가? 상승형인가, 하락형인가, 반복형인가. 여태 수 백 명의 인생 그래프를 봤는데 다 비슷한 양상이다. 큰 폭의 변동 없이 일정한 높이를 보이는 그래프는 아주 드물다. 깊은 계곡과 높은 산꼭대기의 반복이 바로 우리 인생이다.

　어쩌면 큰 굴곡 없는 인생이 좋은 인생이라 생각할 수도 있다. 만약

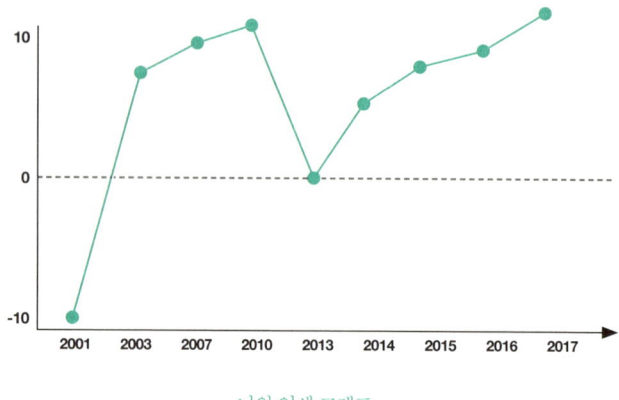

위의 그래프가 특정한 점수대에 분포되어 거의 '일(一)'자를 그렸다고 상상해 보자. 그건 죽은 인생이다. 심장 박동기가 一자를 그리듯. 실패나 좌절이 없는 인생은 도전조차 하지 않았다는 뜻이다. 그런 의미에서 어떤 그래프가 그려지든 우리의 인생은 가치 있는 것이다.

인생 그래프를 그려놓고 보면 인생이 굉장히 심플해진다. 점과 선이 있을 뿐이다. 내 인생이 손바닥만 한 면적에 다 있다. 말 그대로 내손바닥 안의 인생이다. 이 말은 무엇인가. 내가 내 인생을 좌우할 수 있다는 의미다.

사람들은 인생 그래프의 점을 찍을 때 어떤 기준으로 찍을까? 사건? 경험? 돈? 대개 이 점은 나의 '감정'과 관련이 있다. 객관적 상황보다, 그 안에서 느낀 내 감정에 따라 점수가 나뉘는 것이다. 똑같이 부모님 이혼을 겪어도 나처럼 마이너스 10점을 주는 사람이 있는 반면 누군가는 플러스 7점을 줄 수도 있고, 또 누군가는 제로 베이스, 0점을 줄 수도 있다. 즉 인생은 내 감정에 따라 점수가 매겨진다. 그런 의미에서 인생은 내 손에 있는 것이다. 불행한 부자, 행복한 노숙자는 이 그래프로 설명이 가능하다.

게다가 이 그래프는 평면이다. 하지만 실제 삶은 완벽한 입체이다. 예상치 못하게 현재와 과거가 연결되기도 한다. 오늘이 미래의 어느 순간과 결합될지는 아무도 모른다. 그렇기 때문에 끝난 점 뒤로 이어질 계획을 그리는 것은 무의미하다.

하나의 점은 또한 무수한 점들의 집합이기도 하다. 2007년, 취업으로 인해 내 인생 그래프는 최고점에 가깝다. 하지만 '취업'이란 점만 따로 떼어 보면 그 안에도 높고 낮은 점수의 점들이 존재한다. 나의 점뿐만 아니라 타인의 점과도 영향을 주고받는다. 2010년 나는 홀로 서울로 왔지만, 나의 상경으로 함께 살던 가족들의 점 역시 변화가 생겼을 것이다. 나의 상사, 선배, 동료, 친구, 집주인, 은행직원 모두의 점과도 연결되어 있다. 삶은 입체적이다. '결혼'이란 점을 쪼개면 그 안에서도 인생 그래프를 그릴 수 있다.

한 가지 주제만을 두고 그린 인생 그래프는 전체 인생 그래프와는 또 다른 모양일 것이다. 어디에 중점을 두느냐에 따라 인생 그래프가 크게 달라질 수 있다는 말이다. 무엇보다 이 그래프는 죽음에 이르러야만 완성될 수 있다. 아니, 어쩌면 죽음 후에야 마지막 점 하나를 찍을 수 있을지 모르겠다. 모든 경험은 '과거'가 되어야만 비로소 그 가치를 알 수 있기 때문이다. 죽음조차도 과거가 되어야만 가치를 매길 수 있다.

주가 그래프와 인생 그래프는 비슷하다

주식에 관심이 있든 없든 주가 그래프를 한번 정도 봤을 것이다.

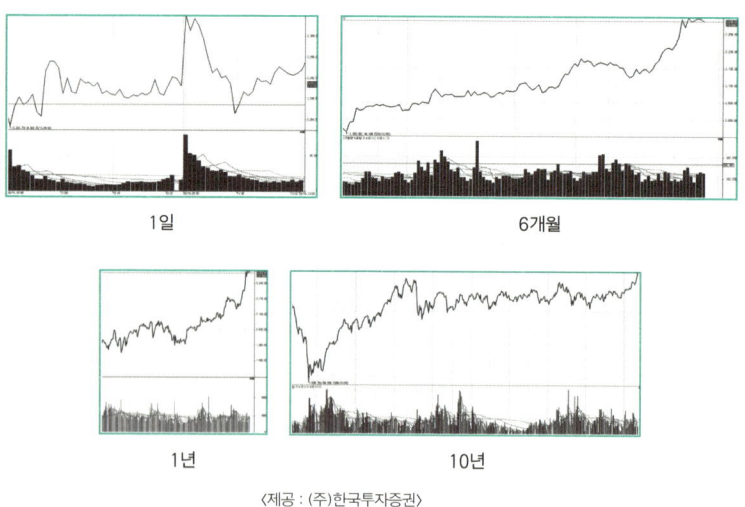

1일   6개월

1년   10년

〈제공 : (주)한국투자증권〉

첫 번째의 그림이 '일봉'이라고 하는 하루 동안의 종합주가지수(KOSPI : 상장주식을 총괄적으로 묶어 전체적인 주가를 나타내는 지표)를 나타낸 그래프이다. 장이 시작하자마자 지수가 상승한다. 이 숫자 하나에 얼마나 많은 주식 투자자들이 웃고 울까. 그런데 하락 추세 안에서도 들쑥날쑥 하락하는 지수가 보인다. 두 번째 그림을 보면 6개월간의 종합주가지수이다. '일봉'이 수십 개 모여 만든 그래프이다. 1년 그래프 역시 그렇다. 이즈음 되면 일봉이 묻혀서 언제가 언젠지 알 수가 없다. 6개월, 1년 그래프를 보고 '상승 추세'라고 한다. 전체적으로 올라가는 모양이기 때문이다. 그런데 10년 그래프를 보면 하락 추세인지, 상승 추세인지 단정지어 말할 수 없다. 차라리 팔만 일천 봉을 그려놓은 금강산 추상화 같다.

주가 그래프와 인생 그래프를 보면 비슷하다. 1년 안에 12개월이, 12개월 안에 30일이, 30일 안에 24시간이, 24시간 안에 1분, 1초가 들어 있다. 수많은 순간들이 모여 그래프를 형성하는 것이다. 단기간으로 자를수록 추이가 잘 보인다. 1일 그래프를 보면 오늘이 이득인지 손실인지 가장 알기 쉽다. 하지만 일봉, 주봉, 월봉, 시간이 쌓일수록 그 경계가 모호해진다. 전체적인 추이만 보일 뿐이다. 그렇다고 종합주가지수를 구성하는 월봉, 주봉, 일봉 중 그 하나라도 덜 중요하다고 할 수도 없다. 모든 순간이 존재해야만 지금 이 자리에서 그래프를 그릴 수 있기 때문이다. 파동의 묘미이다.

인생 그래프 점수를 다시 매겨 보자. 대신 '감정'의 점수 말고 '의미'로서의 점수를 주자. 낮은 점수를 준 그 경험에는 정말 좌절, 슬픔, 분노, 상실, 아픔만이 존재할까? 그로 인해 내게 남은 배움과 반성, 깨달음은 전혀 없는가? 오히려 그 점이 훗날, 상승 추세로 갈 수 있었던 변곡점이 되지는 않았는가? 누군가는 말한다. '내 인생에서 스트레스가 가장 컸던 시기에, 나는 가장 큰 성장을 이루었다'라고. 한때 널리 알려졌던 영어 알파벳 게임을 꺼내어 보자. 알파벳과 숫자가 서로 대응한다고 했을 때, 100점짜리 인생을 만드는 단어를 찾아보는 것이다.

A	B	C	D	E	F	G	H	I	J	K	L	M	N	O	P	Q	R	S	T	U	V	W	X	Y	Z
1	2	3	4	5	6	7	8	9	10	11	12	13	14	15	16	17	18	19	20	21	22	23	24	25	26

열심히 일하면 100점짜리 인생일까?

hard work = H(8)+A(1)+R(18)+D(4)+W(23)+O(15)+R(18)+K(11) = 98점.

꽤 높은 점수지만 100점은 되지 못한다.

지식이 많으면 어떨까?

knowledge는 96점.

사랑을 하면?
love는 54점.

운으로 될까?
luck은 47점.

그럼 돈이 많으면?
money는 72점.

리더십은?
leadership은 89점.

과연 무엇이 필요할까?
많은 사람이 답을 알 것이다.
바로 그 답은 attitude.

인생은 '마음먹기'에 따라 100점짜리가 될 수 있다.
여기까지는 다 아는 이야기다.

그런데 한 가지 단어가 더 있다.
100점짜리 인생을 만드는 데 필요한 것이.

바로 스트레스(STRESS)이다!

　우리는 죽기 직전까지 수많은 점을 찍을 것이다. 그 점에 어떤 의미를 주느냐에 따라 인생 그래프가 달라진다는 점을 기억해야 할 것이다.

모든 일은
하늘이 직접 준 일이다

　　절친한 유 강사가 좋은 소식을 들고 왔다. 부산의
한 대학교 신입생 프로그램을 맡았으니 함께 해보자는 연락이었다.
각자 프리랜서로 활동하다 보니, 함께 일할 기회가 없었다. 우리끼리
팀을 짜서 프로그램 기획을 해보자는 말은 줄곧 했지만 그때뿐이었
다. 그런데 정말로 팀플레이 상황이 온 것이다. 유 강사의 목소리는
들떠 있었다. 학교에서 큰 프로그램을 통으로 맡긴 것도, 마음 맞는
강사들로 팀을 짤 수 있다는 것도 모두 잘된 일이었다. 무엇보다 드디
어 우리가 한 팀으로 일해 볼 수 있는 찬스였다.

　하지만 나는 내키지 않았다. 한창 글쓰기에 빠져 있었고, 강사보다
는 작가로 살고 싶었기 때문이다. 이런 마음 때문에 유 강사에게 확
답을 주지 못한 채 전화를 끊었다. 그렇게 한 주, 두 주 시간이 흘렀

다. 새 학기와 동시에 시작되어야 할 프로그램인데 어느 새 코앞으로 다가왔다. 2월 중순이 된 것이다. 나도 더 이상 시간을 끌 수가 없었다. 빨리 거절을 해야 다른 강사를 구해서 팀을 꾸릴 것이 아닌가. 유 강사에겐 미안하지만 솔직히 말해야겠다고 생각했다. 하지만 현실은 내 계획과 정반대로 흘러갔다. 유 강사와 대전의 김 강사, 그리고 나는 팀을 꾸려 워크숍을 떠난 것이다.

나는 오히려 왜 워크숍을 주도했을까? 상황을 설명하자면 이렇다. 유 강사가 김 강사와 나를 카톡방에 초대를 했다. 당장 신입생 입학식이 코앞인데 회의를 해야 하지 않겠냐고 물었다. 나는 거기서 '미안한데 이번엔 못하겠다'는 말 대신 "1박2일 워크숍을 갑시다. 음성 군민이라 50% 할인되는 휴양림이 있어요"라고 말해버렸다.

말 말고 글을 업으로 삼고 싶다는 바람은 순전히 나 혼자만의 생각이다. '하기 싫다'는 건 개인의 자아가 느끼는 것이다. 호불호가 개입된 선택은 하지 않기로 한 것이 나의 철학이다. '모든 일은 하늘이 주시는 거다, 나는 그저 최선만 다하면 된다'는 신념에 어긋나는 결정을 할 수 없었다. '나'는 내키지 않지만, '삶'이 주신 것이니 해야 하는 일이었다. 그 말을 내뱉고 나니 비로소 이 상황을 온전히 받아들일 수 있었다. 더불어 설렘과 흥분이 함께 찾아왔다. '하기 싫다'에 사로잡혀 있던 에고가 깨진 결과였다.

마음 맞는 동료들과 야외로 나간다는 사실에 들뜬 것도 잠시, 그건 진짜 비즈니스 미팅이었다. 원래 맡기로 한 프로그램 외에 '오리엔테이션'까지 추가로 제안서를 만들어야 했다. 학교에서 OT까지 맡겨 본 것이다. 우리 제안서에 따라 학교 측 결정이 날 예정이었다. 회의 와 피드백이 이어졌다. 낮 2시부터 시작된 회의는 밤12시가 넘어서 야 끝이 났다. 아니, 강제로 끝을 냈다. 나머지는 재택근무를 하며 다 시 맞춰보기로 했다. 종일 일만 했지만 참 즐거웠다. 한 사람이 아이 디어를 내면 다른 한 사람이 아이디어를 발전시킨다. 그럼 또 다른 한 사람이 그에 맞는 자료를 가지고 있다며 보여준다. 손발이 척척 맞았다.

이렇게 두 개의 프로그램 제안서가 만들어졌다. 다행히도 두 개의 제안서 모두 통과되어 우리 팀이 프로그램을 진행하게 되었다. 심지 어 학교 측에서는 기획안이 좋다고 예산도 4배나 더 배정해 주었다. 그게 끝이 아니었다. 사무처장이 우리가 강의하는 동안 강의실을 한 번 둘러본 모양이다. 학생들 반응을 보시고는 프로그램을 하나 또 추 가로 맡겼다. 처음 합을 맞춘 것 치고는 상상 이상의 결과물이었다.

더 기뻤던 것은 '이번 신입생들은 인사를 잘하더라'는 평가를 받고 있다는 피드백이었다. 우리 프로그램 중의 하나가 '학교 예절'이었던 것이다. 스스로 사기도 증진되었지만 무엇보다 학생들이 너무 고맙 고 기특했다. 약 3주간의 프로그램이 끝나고 우리 셋 모두 몸살을 앓 을 정도였다. 그 정도로 에너지를 많이 쏟은 작업이었다.

사실 내가 이번 일을 통해 얻은 건 하나 더 있다. 다음 책을 쓸 주제 를 발견한 것이다. 수업 시간 중 '버킷 리스트 나무'를 만든 결과물이 있다. 가장 이루고 싶은 버킷 리스트 한 가지를 꼽아 나무 모양의 전지에 포스트잇을 붙인 활동이다. 프로그램이 끝난 후 텅 빈 강의실에서 버킷 리스트를 하나하나 보는데 눈물이 나왔다. 나는 으레 돈, 성공, 명예 등이 많을 거라 예상했다. 물론 건물주 되기, 100억 자산가 되기 같은 꿈도 있었다. 그런데 내 예상을 빗나간 대답들이 나를 울렸다. 친구들과 결별하지 않기, 행복하게 살아가기, 상처를 딛고 극복하기, 나만의 이상론을 변치 않고 간직하기, 마음껏 사랑하기······.

어찌 보면 평범한 것들이 '죽기 전에 꼭 이루고 싶은 것' 리스트에 오른 것이다. 게다가 개인 버킷 리스트 10가지 중에 '이건 진짜 이루어졌으면 좋겠다'라고 생각하는 단 한 가지만 뽑은 결과물이다. 왜 여전히 나는 거대한 무언가가 있어야 꿈이고, 버킷 리스트이고, 미래라고 착각했던 것일까? 20대들의 버킷 리스트는 내게 또 다른 울림을 주었다.

삶의 흐름을 믿는다는 것은 삶을 믿는다는 것이다

모든 일은 삶이 주는 것이라는 생각으로 살면 감사할 일이 많아진다. 예전에는 내가 잘해서 일이 들어온다고 생각했다. 그런데 '삶'을 의식하는 순간, 겸허해지고 겸손해진다. 수많은 강사들

중에 나에게 일이 들어온 것이 얼마나 감사한 일인가. 앞에서 이야기한 일만 해도 그렇다. 내가 주고 싶은 것과 남이 받고 싶은 것이 다른 현실에서, 남이 받고 싶은 것을 내가 줄 수 있다는 것 또한 감사한 일이다. 모든 것은 도트 커넥션(Dot-connection)이니까! 이 일은 분명, 작가로 살고 싶어 하는 내게도 확장된 점으로 다가올 거라 믿는다. 삶은 아무 이유 없이 내게 일을 맡기진 않기 때문이다.

일을 하다 보면 거절하고 싶은 순간이 있다. 강사료가 너무 적거나, 거리가 너무 멀거나, 단순히 내 마음이 내키지 않거나. 초반에는 강사료가 적은데도 수락했다. 강사 포트폴리오를 채우기 위해서였다. 참 얄팍하고 치사한 이유이다. 사명감이나 소명의식까지는 아니더라도 돈에 좌우되지 않았으면 하는데 말이다.

하지만 지금은 다르다. 하기 싫든 아니든 모든 일을 받아들인다. 이러한 태도는 돈, 경력, 경험 그 이상의 의미를 내게 준다. 다가올 미래와 어떻게 맞물릴지 모르겠지만 지금 내게 온 일에 최선을 다하는 것이다. 억지로 해야 하는 일, 해야 해서 하는 일을 넘어서 '해야만 하는 일'로 인식이 전환된다. 최선을 다하니 결과는 좋고, 일은 또 다른 일 또는 사람으로 꼬리를 문다.

일전에 중장년아카데미에 창직 강의를 갔다가 인연을 맺은 분이 있다. 우리 아버지뻘 되시는 선생님인데 최근에 '3D 이미지 텔러'라는 직업을 만드셨다. 3D 프린팅과 인문학의 융합으로 탄생한 창직(job creation)이다. 교육이 끝난 후 따로 일정을 잡아 컨설팅을 해드리기도 했다. 사실 그 컨설팅도 겸사겸사 이루어진 것이었다. 선생님께서는 따로 미팅을 가지기를 원했는데, 충북에 사는 내 입장에서는 '무료' 컨설팅 때문에 서울로 가는 일이 쉽지 않았다. 마침 서울 강의가 잡혔고 그때 올라간 김에 뵙고 온 적이 있다. 그 인연은 감사하게도 1년이 지난 지금까지 이어져 오고 있다.

그 사이 선생님이 만든 협회는 규모가 더 커졌고, 방송에도 소개가 되었으며, 3D 프린팅뿐 아니라 자율 주행, 드론, 코딩, RC보트 등 다양한 도구를 활용한 인문학 프로그램이 개발되었다. 3D 이미지 텔링 전문가 양성 과정에서 나는 짧은 특강을 하기도 했다. 선생님은 차비도 안 나오는 강사료라고 미안해 하셨지만, 내겐 문제가 되지 않는다. 선생님이 부탁하신 일이 아니라, 삶이 주신 일이기 때문이다.

옆에서 나의 변화를 지켜봐 온 유 강사에게 일이 생겼다. 커리어 코치로 소속된 학교를 그만두어야 할 것 같다고 한다. 학교 내 정치 때문에 마음이 힘든 모양이었다. 순간 걱정이 되었지만 곧 머릿속에 딸깍, 불이 들어왔다. 유 강사는 계속하여 서울에 가고 싶어 했다. 하지만 지방의 한 대학교에 소속된 터라 상황이 여의치 않았다. 그만두고 서울로 갈 수도 있겠지만 퇴직하는 순간 고정 수입이 끊기기 때문에 아무래도 결정이 쉽지 않았다. 그렇게 또 해를 넘겼다.

그런데 이번에 자의 반, 타의 반으로 학교를 그만두어야 하는 상황이 온 거다. 나는 유 강사에게 말했다. 삶이 엉덩이를 걷어차 준 거라고, 얼른 이 학교를 떠나서 더 큰 세상으로 가라는 삶의 신호라고. 유 강사도 그렇게 생각한단다. 삶이 자신에게 준 선물이라 생각한다고. 삶의 흐름을 믿지 않으면 결코 나올 수 없는 관점이다. 삶의 흐름을 믿는다는 것은 삶을 믿는다는 것이고, 그것은 삶 안에서 편안하게 유영할 수 있다는 의미다. 자궁 속의 아기처럼.

내게 주어진 모든 일은 하늘이 직접 주시는 것이다. 나는 그저 최선만 다하면 된다. 그게 유일하게 우리가 해야 할 일이다.

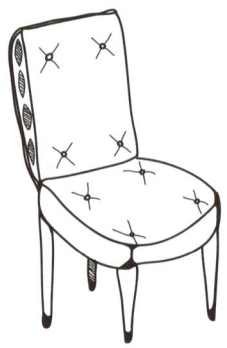

'될 일은 된다'라는 말의
진정한 의미를 찾다

부산의 대학교 강의가 끝나고 나오니 남동생이 기다리고 있다. 큰누나를 부산역까지 데려다 주려고 몸소 행차하신 거다. 28살 멀쩡한 청년이 평일 오후 3시에 나올 수 있는 이유는 백수이기 때문에 가능한 일이다. 한 달 전쯤, 걱정 가득한 목소리로 아빠한테 전화가 왔다.

"이놈 이거, 퇴사한다는데."

남동생이 회사를 그만둔다고 했단다. 전후 사정없이 들은 아빠의 첫 마디는 나까지 긴장시켰다. 남동생은 조선회사에서 일했다. 그런데 조선 업계가 불황이다 보니 회사 분위기가 어수선했나 보다. 자연스레 자신의 진로에 대해서도 고민이 깊어졌을 테다. 친구의 추천과 자신의 적성을 고려하여 안과 영업직으로 이직할 거라고 아빠한테 말했나 보다. 영업직이라는 말을 듣고 아빠는 단번에 나에게 전화를 한 것이다. 아빠는 걱정이 이만저만이 아니었다. 남동생을 설득해보라는 아빠 말에 "알겠어요, 제가 전화해 볼게요"라고 안심시키고는 전화를 끊었다. 그리고 전화를 안 했다. 자기 인생인데 어련히 알아서 잘하겠지. 자기 인생을 나락으로 떨어트리고 싶은 사람은 아무도 없다. 분명 최선의 결정을 했으리라 믿었다.

그 후 처음 보는 남동생이었다. 부산역으로 가는 차 안에서 이런저런 이야기를 나눴다. 아빠한테 전화 왔다는 내 이야기를 듣고 남동생은 그동안 답답했던 심정을 토로한다. 아빠 성격을 아는 나는 웃겨 죽을 지경이다. 남동생에게 일어난 일은 이랬다. 마음에 드는 A회사에서 면접을 봤고 합격을 했단다. 출근 날짜를 기다리고 있는데 회사에서 다시 연락이 왔다고 한다. 미안하지만 경력직을 뽑기로 했다고. 중간에 붕 떠버린 것이다. 황당한 상황이었다.

나와 만나기 전 B회사 면접을 보고 왔다고 한다. A회사에 비해 조건이 마음에 안 든다고 푸념을 한다. A회사는 인센티브제인데, 오늘 면접 본 B회사는 고정급이란다. 많이 아쉬워하는 남동생에게 나름의 위로를 해주고 작별 인사를 했다. 그날 저녁, 남동생은 B회사 합격 소식을 전했다. 어쨌든 한시름 놓게 되었다.

일주일 후, 남동생에게 전화가 왔다.

"누나야! 어쩌지? A회사 부장님이 만나자고 하셔서 방금 만나고 왔거든. 부장님이 다시 오라고 하더라."

뭔 채용이 이리 오락가락인지 모르겠으나, 남동생은 심히 고민 중이었다. 원래 가고 싶어 했던 회사였으나, 일주일 만에 다시 자신을 부른 배경이 께름칙한 모양이었다. 각 회사 근로 조건, 분위기, 규모 등을 물으며 동생의 선택에 조금이라도 도움을 주려 했지만, 그럴수록 더 혼란스러워 보였다. 출근한 지 겨우 일주일. 일주일 만에 동종 업계 다른 회사로 이직하는 것은 평판에도 문제가 될 일이었다. 한숨만 푹푹 내쉬는 동생한테 별 생각 없이 물었다.

"그런데 지금 밖 아니야? 근무 시간에 다른 회사 면접 보고 이렇게 막 돌아다녀도 돼?"

"오늘 예비군이다."

"아, 그래서 오늘 A회사랑 미팅한 거야? 네가 일부러 오늘로 약속을 잡은 거야?"

"아니, 그쪽에서 먼저."

그 순간 퍼즐이 맞춰진 느낌이었다. 괜한 것을 고민했다는 생각에 허탈하기까지 했다.

"야, 가라, 가. 누나는 삶의 흐름이라는 걸 믿거든? 파도가 자연스럽게 연결되는 것처럼, 일의 아귀가 딱딱 맞아떨어지는 상황 있잖아. 그쪽에서 먼저 만나자고 연락 왔는데 하필 약속을 잡은 날이 쉬는 날인게 신기하지 않아?"

"그건 그렇지."

"우연이 아니래도. 답 나왔네!"

며칠 전 동생한테 안부를 물었다.

"옮기니 어때?"

"좋네!"

"뭐가?"

"사람들도, 일도."

살다 보면 퍼즐 맞추듯이 상황이 자연스레 풀려나갈 때가 있다. 환승할 때 지하철이 마침 들어온다든가, 신호 대기 한 번도 받지 않고 신호등마다 그냥 지나칠 때처럼. 이 사소한 순간에도 기분이 좋은데 인생의 큰 퍼즐이 수월하게 풀리면 얼마나 행복할까. 반면, 어떻게든 노력해도 안 되는 일이 있다. 관계가 틀어져버린 인연, 나도 모르게 새 나간 돈, 이미 걸린 감기처럼.

세상의 일은 두 가지로 분류된다, 내가 할 수 있는 일과 할 수 없는 일

내 친구는 요리 월간지의 편집장이다. 이 친구가 자리 잡은 과정을 보면 '될 일은 된다' 싶다. 당시 내가 즐겨보던 M잡지가 있었다. 남성 잡지였는데 유쾌한 문체는 센스 넘쳤고, 각양각색의 주제를 다루는 종합지였다. 매달 구독할 정도로 애독자였던 나는 어느 날, 그 친구가 생각났다. 친구의 글 스타일이 M잡지를 관통하는 분위기와 잘 어울릴 것 같았다. 친구에게 몇 권의 잡지를 읽어보라고 챙겨주었다. 며칠 후 친구는 흥분된 목소리로 연락이 왔다.

"시현아! 완전 내 스타일이야! 여기서 일 해보고 싶어."

하지만 에디터 공채 기간이 아니었다. 그런 건 문제가 아니었다. 지금 당장 할 수 있는 걸 준비했다. 친구는 기획안 69개와 주변 지인들의 추천서를 모았다. 그걸 편집장 이메일로 보냈다. 놀랍게도 친구는 M사 에디터로 산뜻하게 출발할 수 있었다! 친구의 기사는 금방 인정받았고 편집장의 애제자가 되었다. 방황하던 친구의 인생이 드디어 빛을 보는구나 싶을 때 사건은 터졌다. 그동안 진행되었던 M사의 상표권 소송이 그만 패소를 하고 만 것이다. 무언가 착오가 있었다. 어쨌든 하루아침에 본래 M사 직원들은 거리에 나앉고 말았다.

친구는 굉장히 상심했고, 나 역시 좋아하던 잡지였기에 침통했다. 친구는 처음부터 다시 시작해야 했다. 이력서를 적고 면접을 봤다. 분야가 달라서 경력 인정도 못 받고 박봉으로 시작해야 했다. 하지만 친구는 작은 회사의 장점을 잘 활용했고, 능력도 인정받아 초고속 승진을 하더니 결국 편집장 자리까지 꿰찼다. 그동안 공저도 한 권 냈고, 관련 학위도 받았다. 언제나 될 듯, 될 듯 안 풀리는 친구의 나날이었다. 드디어 적성에 맞는 천직을 찾았나 싶었을 때 또 미끄러졌다. 그런데 삶의 흐름이 바뀌고 그 위에 제대로 올라탔는지 지금은 누구보다 승승장구 중이다.

세상의 일은 두 가지로 분류된다. 내가 할 수 있는 일과 할 수 없는 일. 할 수 없는 일은 자연법칙과 같이 아무리 노력해도 안 되는 일이다. 이것을 알면 인생의 짐을 조금 덜 수 있다. 예컨대 나는, 어떤 사안이 생기면 삶에 맡겨버린다.

"저는 제가 할 수 있는 데까지 했습니다. 이후부터는 맡길 테니 알아서 해주세요."

그 일이 성사되면 감사한 거고, 안 되면 나와 인연이 아닌가 보다 하고 만다. 내 손을 떠난 일에 대해서 왈가왈부 해봤자 스트레스만 받기 때문이다. 책도 그렇다. 원고를 탈고한 후 출판사에 투고를 시작할 것이다. 내 선에서 최대한 탈고를 하고, 원고와 성격이 맞는 출판사를 찾아서 투고하는 것까지가 내가 할 수 있는 일이다. 이후부터는 내 손을 떠난 것이니 그냥 맡기면 된다. 조른다고 계약이 될 것도 아니고, 노력한다고 베스트셀러가 되는 것도 아니다. 그저 삶에게 "저는 여기까지 최선을 다했습니다. 책이 잘 팔리면 더없이 좋겠지만, 지금부터는 온전히 맡기겠습니다. 제 소원이 그렇다는 것만 알아주세요" 하고 손을 탁 놓는다. 그리고 나는 그 다음 할 일을 계속하면 된다. 다음 원고를 쓰든지, 산책을 나가든지 말이다. '될 일은 되겠지' 하는 마음으로.

최선의 의미, 남들은 모르지만
'내가 알기 때문에' 끝까지 하는 것

신랑은 낚시를 좋아한다. 몇 번 따라 다녀봤는데, 신랑 말과는 달리 실력은 영 신통치 못한 것 같다. 여수에서는 돌 문어를 잡아준다고 밤새 바닷가에 있더니 결국 빈손으로 돌아왔다. 그래도 괜찮다. 물고기가 잡히면 잡히는 대로 즐기고, 안 잡히면 '안 잡히는구나' 하고 다음 미끼를 끼우는 게 우리가 할 일이다. 신랑 이야기가 나와서 하는 말인데, 신랑만의 머피의 법칙도 있다. 세차를 하면 꼭 그날은 비가 온다. 더 슬픈 건 신랑 취미가 세차라는 사실이다. 저번 주말도 "세차하고 올게" 하고 나서는 신랑을 보며 속으로 생각했다.

'오늘 비 오겠네.'

아니나 다를까, 오후에 빗방울이 떨어진다. 비웃는 나를 보고 신랑은 명언을 남겼다.

"비 온다고 세수 안 하는 거 아니잖아."

맞다. 비가 오든 안 오든 우리는 머리를 감고, 장을 보고, 사랑을 하고, 살아간다.

"될 일은 되니까 대충 해도 돼."

"어차피 안 될 것 해서 뭐해"

이렇게 오해하는 사람이 있을까봐 노파심에 강조하지만, '될 일은 된다'의 마음가짐은 절대 그런 것이 아니다. 내가 할 수 있는 최선을 다하되, 내 손을 떠난 일에 대해서는 의연해지자는 뜻이다. 그런데 최선이란 어디까지를 말하는 것일까.

강의 교안 만들 때 PPT를 사용한다. 100장이 훌쩍 넘는 교안을 준비하다 보면 대충 모른 체 넘어가고 싶은 순간이 있다. 이미지 사이의 간격이 맞지 않는다거나, 내가 고른 이미지가 썩 마음에 들지 않지만 말하고자 하는 주제에는 문제가 없거나 할 때. 겨우 교안을 마무리하고 노트북을 껐는데 자꾸 생각이 난다. 나만 아는 아주 미묘한 거라서 수정을 안 해도 사실 전혀 문제가 없다. 하지만 결국 다시 노트북을 켜고 내 마음에 들 때까지 수정을 하는 것이다.

글도 그렇다. 어차피 몇 번의 수정을 거쳐야 할 초고다. 하루 목표량을 채우고 잠자리에 누웠다. 그런데 마지막 한 문장이 자꾸 마음에 걸린다. '사랑은 그렇다'와 '사랑이 그렇다'와 같이 나만 아는 미묘한 차이인데 결국 다시 일어나서 수정을 하고 잔다. 이런 경우도 최선이라 할 수 있지 않을까? 남들은 모르지만 '내가 알기 때문에' 끝까지 하는 것. 내가 한 번 더 귀찮아지는 것.

'되면 좋고, 안 되면 다음 기회로'의 자세는 최선이라는 나의 마지막 영역 이후에 가져야 하는 태도여야 한다. 내 손을 떠난 파랑새가 어디까지 갔나 보려고 여기저기 뛰어다니기보다, 잘 갔으려니 초연할 줄 아는 순간, 삶이 수월해진다. 가벼워진다. 그리고 행복해진다.

지금은 알고
그때는 모르다

　　오늘도 부산에 왔다. 3월 한 달에만 여섯 번째 방문
이다. 다음 주면 부산 강의도 끝이 난다. 부산은 좀 따뜻할 줄 알았는
데 여기도 회색 도시이긴 매한가지다. 언제쯤 맑은 하늘을 볼 수 있는
것일까. 학교로 가는 시내버스를 기다리고 있는데 문자가 온다. 신랑
이다. 긴 장문의 문자. 다 읽기도 전에 눈물이 왈칵 나왔다.

　'미안해……, 잘하고 싶은데 계속 이래. 정말 최고로 잘하고 싶은데
미안해, 모두에게…….'

　약 한 달 정도 집안 분위기가 좋지 않았다. 표면적으로는 시부모
님 합가 문제였지만, 진짜 이유는 그동안 쌓인 서로에 대한 앙금이었
다. 본질적인 문제는 이미 뒷전이었다. 그 과정에서 서로를 할퀸 생채
기에 각자 아파하고 있었다. 한 집에 있었지만 교류는 없었다. 건조

한 나날이 이어지던 중 신랑이 먼저 이야기 좀 하자고 했다. 못 이기는 척 테이블 앞에 앉았다. 신랑은 북엇국을 끓여 내어 놓았다. 별다른 게 들어가지 않았는데도 뽀얀 것이 맛도 깊다. '국 하나는 잘 끓인다니까' 중얼거리는데 신랑이 입을 연다.

"엄마, 아빠랑 합쳐야 할 것 같아."

멈칫 하던 나는 결국 숟가락을 내려놓았다. 문제는 합가가 아니었다. 우리 사이를 회복하는 게 우선이라고 생각했다. 내심 "미안해, 그동안 마음고생 많았지?"라는 말을 기다렸다. 그런데 나온 말이라곤 또.

지금 상황으로는 합가 가능성이 높다. 어쩌겠는가, 어른들 사정이 좋지 않다는데. 마음 한쪽으로는 받아들이고 있는 중이었다. 하지만 신랑이 미웠다. 나에게 말로 상처 준 신랑도, 순서를 모른 채 자기 목적만 말하는 신랑도 모두. 결국 진짜 속내와 다른 말이 튀어나갔다. 그렇게 또 부부싸움을 하고 말았다.

신랑은 그냥 각자 살자는 말까지 했다. 부모님 모시고 살 테니 나보고 나가라는 거다. 그날 밤 나는 깊은 생각에 빠졌다. 내가 집안의 암적인 존재라는데, 그래, 내가 나가면 뭐가 진실인지 밝혀지겠지. 이 싸움 지긋지긋해. 그래, 갈라서자. 밤새도록 거처를 알아보다 잠이 들었다. 아침에 메모 한 장을 남기고 부산행 열차를 탔다. 마음도, 하늘도 흐린 완벽한 '글루미데이'였다. 그런데 신랑한테 문자가 온 거다. 주책없게 버스 안에서 울고 말았다.

작용-반작용 법칙이 있다. 미는 힘이 강할수록 버티는 힘도 강하다. 말도 그렇다. 상처 받지 않기 위해 더 독한 말을 상대에게 퍼붓는다. 나를 방어하고 보호하기 위해. 둘 중 하나가 먼저 나가떨어지지만 둘 다 결국엔 만신창이다. 폭풍은 지나갔지만 혼자만의 싸움은 계속된다.

'미워, 미워 죽겠어, 꼴도 보기 싫어!'

끊임없이 스스로 세뇌한다. 나의 '폭력'에 대한 합리화를 위한 방어기제다. 생각과 행동을 일치시켜야만 내가 무너지는 것을 막을 수 있으니까. 그렇게 성을 쌓고 있다가 예기치 못한 "미안해"라는 말에 방어기제는 와르르 무너진다. 그제야 속살이 드러나는 것이다. 사랑, 후회, 연민, 미안함, 자책⋯⋯. 결국 강한 것을 무너트리는 것은 더 강한 것이 아닌 더 약한 것이다. 감정, 탐욕, 미움, 사랑 이런 것들은 왜 끝까지 가봐야 본질을 알 수 있을까?

승승장구하던 사업가가 하루아침에 망해 빚쟁이가 되었다는 이야기를 심심찮게 언론에서 듣곤 한다. 개그맨 이승환 씨가 그렇다. '갈갈이 삼형제'로 스타 반열에 올랐지만 평생 할 수 있는 일을 찾고 싶어 사업에 손을 댔다. 하지만 하는 족족 망했다. '갈갈이 삼형제'로 번 수십 억을 2년 만에 날렸다고 한다. 그는 죽을 생각으로 가양대교에 올라갔단다.

그런데 그를 아끼는 선배 전화가 귓가에 아른거렸다고 한다. 죽더라도 선배 한번 보고 죽자는 생각에 내려왔다. 다시 돌아온 그는 '벌집삼겹살' 창업을 했고, 250억 매출에 연봉 10억을 받으며 다시 부자가 됐다. 하지만 그를 집어삼킬 '사업병'이 또 도졌다. 건설 시행사 사업에 손을 댔다. 그런데 또다시 문제가 터졌다. 내부 직원의 자금 횡령 사실이 드러난 것이다. 결국 또 2년 만에 전 재산 30억 원을 날렸다고 한다. 벌집삼겹살도 돼지 콜레라 사태가 터지면서 결국 모든 사업에서 손을 뗐다. 총 80억을 날리고 나서야 사업은 자신의 삶의 방향이 아니라는 걸 깨달았다.

그는 바보 같은 인생을 살았다고 고백한다. 사람이 100억을 모으면 200억을 벌고 싶고, 300억을 벌고 싶더라고 말이다. 돈에 대한 철학은 본인과 주변 사람들을 돌아볼 정도만 벌면 괜찮다는 방향으로 바뀌었다. 빨간 딱지 두 번에, 한강 다리 한 번 올라갔다 오니 변한 생각이다. 그도 처음에는 울분을 참을 수 없었다. 사기 친 사람이 너무 미워 마구 욕하고도 응어리가 풀리지 않았다. 하지만 어느 순간 '모든 것은 내 잘못이다'라는 생각으로 바뀌었다고 한다. 분에 넘치는 욕심을 바란 나부터 돌아보자는 생각이 마음 깊은 곳에서 올라왔다.

그제야 언제나 같은 자리에서 그의 옆을 지켜준 사람들이 하나둘씩 보이기 시작했다. 이승환 씨는 현재 구호단체 W재단에서 일을 하고 있다. 푸드 트럭을 타고 다니며 기부 활동도 한다. 이따금 창업 컨설팅도 해준다. 과거에 그는 100원을 벌려고 했다. 그런데 지금은 주위 10명의 어려운 사람들이 100원을 버는 꿈을 갖도록 돕고 있다. 내 주머니보다 남의 주머니를 채워주고자 한다. 삶의 목적이 바뀐 것이다.

　비단 이승환 씨만의 이야기가 아닐 것이다. 폭주하는 감정 분출처럼 욕구의 소용돌이에 휩쓸리는 사람들이 얼마나 많은가. 우리는 항상 왜 뒤늦게 깨닫게 되는가. 속도 때문이다. 고속도로에서 빠져야 하는 길을 뒤늦게 발견했을 때 너무 빨리 달리면 알면서도 지나칠 수밖에 없다. 반면, 속도가 느리면 모든 상황이 보이고 그에 따른 대처가 가능하다.

지나고 나면 비로소 보이는 것들

　　　　"1년 전 오늘의 고민이 무엇이었나요?"에 대해 대답할 수 있는 사람이 몇이나 될까. 19살 때는 대학입시가 가장 고민이었고, 24살에는 취업이 최대 고민이었다. 30살이 되어갈 때는 결혼, 결혼하고 나면 내 집 마련, 출산을 하면 육아와 교육 문제에 직면한다. 그러나 지금으로부터 1년 전의 고민이 지금 내게 중요하지 않은 것처럼, 인생의 최대 과제라고 생각했던 것들도 마찬가지로 전락했다. 오늘 하는 고민도 1년 후에는 무게가 훨씬 가벼워져 있을 것이다. 아니, 1년 전의 여느 고민들처럼 흔적도 없이 휘발될 가능성이 더 높아 보인다. 욕구도 마찬가지다. "1년 전 오늘의 욕구는 무엇이었나요?"라는 물음에 답을 할 수 있는가.

'지나가다'는 뜻은 시간에서의 측면도 있지만 감정에서의 측면도 존재한다. 울고 불며 생떼를 쓰는 아이에게는 아무리 훈육을 해도 듣지 못한다. 자신의 욕구에 갇혀 있기 때문이다. 시야가 굉장히 좁아져 있다. 이럴 때는 감정의 소용돌이가 지나가게 기다려 주어야 한다. 진정되고 나서야 비로소 주변이 눈에 들어오고, 그제야 엄마 말도 들리기 때문이다.

다행히 그 시간과 감정의 터널을 빨리 지나간 사람은 신랑이었다. 먼저 간 신랑이 뒤처진 나에게 손을 내밀어 준 것이다. 그러자 비로소 보이기 시작했다. 신랑의 감정, 나의 감정, 시부모님의 감정, 내가 할 수 있는 선택 등이.

사실 시부모님의 노후가 이렇게 힘들어진 까닭은 내게 아주버님인, 큰 아들 때문이라고 생각했다. 아주버님이 10년 전쯤, 사기를 당한 것이다. 그것을 막기 위해 경기도에 있는 아파트 두 채를 팔았고, 신랑 자동차까지 내어주어야 했다. 신랑은 계획하고 있던 해외 유학도 못 가고, 시부모님은 평생 모은 재산이 부지불식간에 사라진 것이다. 제삼자인 내가 들어도 안타까운 상황인데, 고작 20대 초반이었던 신랑의 속은 얼마나 탔을까. 그렇게 한 번 주저앉은 살림은 다시 일어서기 힘들었다. 그때의 여파가 10년 후 지금, 나비효과처럼 휘몰아 친 것이다. 시부모님이 힘들어하시는 걸 볼 때마다 아주버님 원망을 많이 했다.

'아주버님만 아니었으면 지금 어머니, 아버지는 월세 받으며 사셨

을 텐데.'

'아주버님만 아니었으면 집이라도 온전히 남아 있었을 텐데.'

정작 당사자인 시부모님은 큰 아들 탓을 전혀 하지 않으시는데 말이다. 그런데 이 여파가 결국 우리 가정에까지 들이닥친 거다. 초반에는 정말 힘들었다. 남을 미워하고 원망하는 일이 이렇게 에너지 소비가 큰일인 줄 미처 몰랐다.

어느 날, 단골 카페의 사장님과 대화를 나눌 기회가 있었다. 카페 사장님은 불교, 천주교, 역학, 고전 등 다방면으로 박식한 분이다. 누구에게도 말할 수 없는 가족사에 대해 털어놓았다. 난생 처음 사람을 미워하게 됐는데 그게 하필 신랑 가족이고, 너무나 큰 미움 덩어리에 힘들어 하는 내 모습이 카페 사장님에겐 안타까워 보였나 보다. 사장님은 말씀하셨다.

"그거, 큰 아들이 부모님한테 빚 받으러 온 거야. 부모님한테 빚 받으러 온 사람이 큰 아들로 태어나서 다행이지, 남으로 태어났으면 어쩔 뻔 했어?"

불교에서 말하는 전생, 업보 뭐 이런 이야기인 듯 했다. 나도 모르게 "아-!" 하는 탄식이 나오며 고개를 천천히 끄덕였다. 사장님이 나 속편하라고 하는 소리일지라도 내겐 큰 깨달음으로 다가왔다. 집으로 오는 길에 엉뚱한 생각이 들었다.

'그럼 내가 시부모님을 모시고 살아야 하는 것도 빚을 갚으라는 의미인가? 전생에 시부모님이 나를 잘 돌봐주셨나 보다.'

시간이 지나면 비로소 보인다고 하거늘, 전생까지 끌어들여야만 '비로소 보일 듯' 하다니.

『도덕경』을 공부한 친구에게 이 이야기를 전하니 내 말을 단번에 알아들었다. 나는 친구에게 말했다.

"만약 진짜 전생이 존재하고, 우리가 전생을 알 수 있다면, 지금 생에서 저 사람이 나한테 왜 그런 행동을 하는지, 왜 이런 인연으로 얽혔는지 이해가 쉬울 텐데."

하지만 우리는 죽기 전까지 모른다. 전생과 윤회가 존재하는지, 천국과 지옥이 존재하는지. 어쨌든 우리는 100년도 안 되는 이 생(生)에서 살다 가는 거다. 현생에서 보면 전생이 과거이듯, 지금 이 순간부터의 지난 모든 날이 과거이다. 시간과 감정이 지나가도록 비켜 서 주고, 흔적을 보며 의미를 찾는 것이 우리가 할 수 있는 최선의 일일 것이다. 원하는 대학과 회사에 들어가지 못한 것이, 이 남자를 만나고 결혼한 것이, 수많은 아이들 중 내 아이와 만난 것이, 지난날의 부부 싸움이, 친구들과의 우정이 내게 어떤 의미를 지니는지 유추해 보는 것 말이다. 과거를 보면 사건과 인연의 얽힘이 그제야 보인다. 지나고 나면 비로소 보이는 것들이다.

온전히 받아들이는
연습을 하다

　　아무리 '삶의 흐름대로 받아들이기'가 일상화 되어
도 안 되는 부분이 있다. 나에게 큰 과제는 아주버님에 대한 감정이었
다. 한때 나의 기도는 '제발 제가 홧김에 아주버님한테 실수하지 않게
해주세요'였다. 차라리 일이 안 풀리면 '때가 되면 되겠지' 하고 기다
릴 텐데, 사람에 대한 감정은 나 스스로 통제할 수가 없었다. 특히 돈
문제가 얽히면서 내 마음은 피폐해져 갔고, 급기야 밤에 잠들기 전에
이런 기도를 해야 하기에 이르렀다.

　아주버님 부부는 원래 종로에 살았다. 작은 단칸방이었다. 부엌과
화장실이 야외에 있는 오래된 한옥이었다. 형님은 임신 중이었는데
아무리 봐도 그 집에서 아기를 키우기엔 무리였다. 우선 방이 너무 작
았고, 모든 활동을 야외에서 해야 했다. 씻는 것도, 밥하는 것도, 설거

지도. 추운 겨울에 아기를 씻기는 건 고사하고, 여러모로 양육 환경으로 적절치 않아 보였다. 결국 어머님께 말씀드렸다. 우리 동네에 새 임대 아파트를 분양하고 있으니 이리로 모시자고. 서울과 달리 일자리도 많았다. 시부모님도 나의 권유로 우리 동네 아파트로 이사 오신 참이었다. 아주버님 내외도 고민 끝에 충북으로 내려오기로 했다.

그런데 내 예상과 다르게 일이 전개되었다. 당연히 서울 집을 뺀 후에 이사를 오리라 생각했는데, 예정보다 훨씬 빨리 이사 날짜를 잡은 것이다. 문제는 서울 집 보증금이 신랑 이름으로 대출 받은 돈이었다. 서울 집 월세와 충북 아파트 사용료가 이중으로 나가는 상황에, 아주버님 직장을 새로 구하는 시기 동안 수입은 없으니 당연히 서울 월세가 밀리기 시작했다. 그렇게 한 달, 두 달 월세는 다달이 밀렸고, 내지 못한 월세는 보증금에서 까였다.

그 시기에 우리 집 계약 만기가 돌아왔다. 1년 후에야 분양받은 아파트로 이사를 가야 해서, 현재 세들어 사는 아파트의 계약 기간을 1년 더 늘려야 했다. 그런데 재계약 조건으로 집주인이 보증금을 두 배 가까이 올렸다. 하지만 이사 가는 것보다 대출 받아 보증금을 올리는 게 우리에게 더 이득이었다. 신용등급 1등급인 신랑이기에 대출에는 별 문제가 없어 보였다.

하지만 이번에도 내 예상을 비껴갔다. 대출 한도가 적게 나온 것이다. 모자라는 금액은 딱 아주버님에게 빌려준 보증금 금액이었다. 예를 들어, 2천만 원을 대출받아야 하는데 1천5백만 원이 대출 한도로 나왔다고 치면, 모자라는 5백만 원이 아주버님 서울 집 보증금인 셈이다. 스트레스가 몰려왔다. 신랑도, 나도 머리가 너무 아팠다. 집 주인은 시세대로 받아야겠다고 하고, 다른 곳으로 이사 가려 해도 동네 시세가 다 같이 올라버려 거기서 거기였다. 거의 한 달을 우리 부부는 스트레스 속에 살아야 했다. 이런 상황을 아는지 모르는지 아주버님 내외에게서는 전화 한 통 없었다.

결국 재계약 날짜가 다가왔을 때 극적으로 집주인과 합의가 되었다. 우리가 할 수 있는 최대한으로 보증금을 올리고 나머지는 월세로 돌리기로. 우리가 선택할 수 있는 차선이었다. 하지만 대출 이자와 월세를 추가로 부담해야 하는 상황에 스트레스는 매 한가지였다. 처음으로 집 없는 설움을 느낀 신랑은 "빨리 우리 집으로 이사 가고 싶다"고 입버릇처럼 말했다.

우리 부부는 신용카드를 다 정리하고 현금으로만 생활하는 습관을 들이고 있었다. 갑자기 안 나가던 고정 지출이 생기니 상상 이상으로 살림이 빠듯해졌다. 월 10만 원이 아쉬울 정도였다. 아주버님 내외는 여전히 아무 연락이 없었다. 결국 신랑은 폭발하고 말았다. 어느 날 신랑은 술이 잔뜩 취한 채 집에 돌아왔다. 형을 만나고 들어오는 길이란다.

"형이랑 인연 끊기로 했어······ 10년 전이나 지금이나 형은 변한 게 아무것도 없어. 나는 이제 지켜야 할 가정이 생겼어. 이렇게 가다가는 내 가족까지 같이 망해······."

술에 취해 아무렇게나 내뱉던 신랑은 의자에 풀썩 주저앉았다. 그리고는 소리 내어 울었다.

'삶의 흐름 속에 있는 것뿐이다'라는 메시지

며칠 후 나는 아주버님 내외를 찾아갔다. 우리 상황을 모르냐고 물으니 알고 있다고 한다. 우리 내년에 이사 가야 되는데 이 대출금 때문에 또 대출에 문제 생기면 그땐 어쩌냐, 이번엔 다행히 월세로 돌려서 해결했지만 내년엔 아파트 분양과 직결되는 문제다, 그땐 잘못되면 우리 가족 갈 데 없다고 하소연했다. 내 말을 듣던 형님이 말했다.

"저희도 매일 서울 집주인한테 전화해 보고 했는데 안 된 걸 어떡해요. 저희도 미안하게 생각해요."

헛웃음이 나왔다. 허탈했다. 왜 그동안 아무 연락 없으셨냐고, 미안하다는 한마디면 되는 건데 왜 그걸 못하시냐고 따지고 싶었다. 하지만 해야 하는 한마디만 아주버님에게 전하고 일어섰다. 조만간 신랑한테 연락해서 술 한잔하시라고, 신랑이 많이 힘들어 한다고.

나도 속이 말이 아니었다. 이미 보증금은 거의 다 까인 상황이었다. 돈에 대해서는 마음을 비웠다. 기대를 하면 미움만 더 커질 테니까. 화병이 날 것 같았다. 왜 아주버님은 준비 안 한 임신을 해서는 주변 사람들을 다 힘들게 하는지, 왜 10년 전에 온 재산을 다 날려버렸는지, 왜 우리 가족이 그 역풍을 맞아야 하는지 속에서 부글부글했다. 신랑한테도 속내를 털어놓을 수 없었다. 나 혼자만의 싸움이었다.

그 후로도 몇 번이고 메시지를 보내고 싶은 충동을 가라앉혔다. 매번 보내고 싶은 메시지는 같았다.

'대출금 준비하고 계시죠? 저희 내년 6월에 아파트 계약이에요, 슬슬 정리해 주세요.'

그날도 그랬다. 그날도 미워 죽겠는 마음에 메시지를 보내서 걱정거리를 안겨주고 싶었다. 왜 나만 속 타냐, 당신도 속타봐라 하는 심정으로. 이젠 돈을 받느냐, 못 받느냐 하는 문제가 아니었다. 이미 보증금은 월세로 다 까여서 못 받을 돈이라고 체념한 상태였다. 이젠 감정의 문제로 넘어간 것이다.

그날은 기필코 문자를 보내야겠다는 생각에 휴대폰을 찾았다. 그런데 휴대폰을 찾던 발길이 그저 거실을 몇 바퀴 도는 것으로 이어졌다. 그 순간, 어떤 메시지가 나를 지나갔다. 정확한 문장은 아니었지만 무슨 이야기를 하고 싶은지 알 수 있었다.

'삶의 흐름 속에 있는 것뿐이다.'

'삶의 흐름이다.'

이런 느낌의 메시지였다. 그렇다. 또렷한 목소리나 문장이 아니라 '느낌'이었다. 언어가 아닌 울림, 아니, 어떻게 표현해도 정확한 표현을 찾을 수 없다. 이것도 내가 내 언어로 다시 정리한 것이지, 저 문장이 아니었다. 하지만 어떤 말을 하고 싶은지는 명확했다.

갑자기 마음에 평온이 찾아왔다. 정말 거짓말처럼 미움, 원망 등 복수의 감정이 싹 사라졌다. 돈에 대한 집착도 사라졌다. 정말 한순간이었다. 한 순간? 아니 이것도 긴 시간이다. 1초 남짓한 찰나였다. 감정의 큰 덩어리가 내 몸에서 쑤-욱 빠져나간 것이다. 거짓말같이 평온해졌다.

나의 감정에까지 삶의 흐름이 개입될 줄 미처 몰랐다. 삶의 흐름이 마음까지 영향을 미칠 수 있을 거란 생각조차 하지 못했다. 삶의 흐름에 대한 각성이 처음 일어난 후 쭉 유지되는 것처럼, 이때 사라진 감정은 그 후 다시 올라오지 않는다. 또 다른 갈등이 생기면 그에 따른 감정이 생길뿐, 내가 그토록 집착했던 '그 사건'은 끝이 난 느낌이다.

이 글을 쓰고 있는 지금도, 감정의 동요는 없다. 대개 글이란 그렇지 않은가. 과거의 일을 회상하며 쓰면 그때의 감정으로 돌아가고 순간 감정이입이 되는 것. 그래서 이 책을 쓰면서 동생들에 대한 미안함에 울었고, 못다 한 꿈에 대한 미련-승무원- 때문에 힘들기도 했다. 하지만 이 글은 달랐다. 원망이란 감정이 다시 올라오지 않는 것조차 지각하지 못한 채 그저 이 글을 썼다는 사실을, 방금 새삼 깨달았을 뿐이다.

아주버님의 딸은 이제 돌이 되었다. 부부 내외가 미우니 아기까지 덩달아 미워서 얼굴도 안 보고 지냈다. 우연히 만나는 일이 있어도 살

갑게 인사하거나 눈길 한번 주지 않았다. 감정이 흘러간 후, 아기를 만났는데 그제야 얼굴을 들여다보았다. 참 예뻤다. 볼도 쓰다듬어 보고 안아도 주었다. 아기가 나를 쳐다보는 것을 느끼면서도 일부러 눈을 안 마주친 지 근 1년 만에 눈을 들여다보았다. 아이는 나에게 웃어 준다.

'네 이름도 내가 지어 주었는데, 그런데도 그 이름을 부르기 싫었는데, 1년이 지나서야 이제야 네 얼굴을 보는구나.'

솔직히 아직도 아주버님 내외를 보는 것이 아주 편하지는 않다. '보증금 사건'에 대한 집착과 미움만 여과되었지, 잔여물은 여전히 남아 있는 느낌이다. 여기서부터는 내가 해야 할 일인 것 같다. 큰 뿌리가 뽑혔으니, 잔가지 정리하는 것 정도는 나도 할 수 있지 않을까. 온전히 받아들이는 연습, 지금도 나는 진행 중이다. 아주버님 부부를 보고 진심으로 웃을 수 있을 때, 나는 한 걸음 더 도약할 수 있으리라.

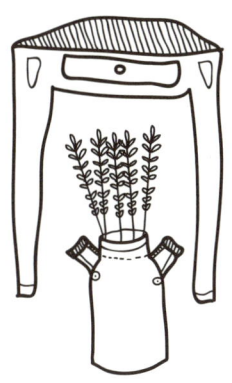

삶을 믿는 자만
알아챌 수 있는 신호를 받다

　　'내맡기기 실험'이 강력한 신념으로 자리매김한 지
는 얼마 되지 않았다. 하지만 1년도 채 안 되는 짧은 시간 안에 지난
33년 동안 이뤄낸 것보다 더 많은 걸 얻었다. 33년 VS 1년, 삶의 흐
름을 믿느냐 믿지 않느냐가 유일한 차이다. 프리랜서 강사에게 경력
만큼 중요한 것이 저서 혹은 방송 출연이다. 공적인 신뢰의 요소이기
때문이다. 언제나 나의 목표 리스트에 있던 이 두 가지는 지난 1년 사
이에 모두 이루어졌다. 방송 출연 후 생각한 만큼 드라마틱한 변화는
없었다. 그러나 억지로 움켜쥐려 했던 때에 비해 너무나 쉽게 내 손에
들어왔다는 건 자명한 사실이다. 몸값을 올리기 위한 하나의 방편으
로 삼았던 허상을 내려놓는 순간에 다가섰다는 것이, 더 고무적인 일
이다.

나와 같은 프리랜서나 1인 기업들은 종종 퍼스널브랜드를 구축하는 것에 집착하게 된다. 말 그대로 나 자신의 브랜드를 만드는 것이다. 나만의 고유한 가치와 이미지를 포지셔닝 하는 전략이다. 한 단어로 표현하는 브랜드명을 정하는 것이 첫걸음이다. 무슨 무슨 디자이너, 무슨 무슨 전문가 등으로 작명한다. 흔히, 퍼스널브랜드를 구축하는 가장 좋은 전략은 출판이라는 인식이 깔려 있다. 저자가 되는 순간 그 영역의 전문가로 인정받기 때문이다. 더 나아가서 방송 출연을 몇 번 하게 되면 퍼스널브랜드를 성공적으로 구축했다고 본다. 내 이름값으로 먹고 사는 경지에 이르는 것이다. 김미경 강사가 대표적이다. 한때 나도 이런 것에 집착하여 블로그에 내 프로필과 경력을 덕지덕지 도배해 놓기도 했다.

그런데 이런 몸값 올리는 행태에 스스로 질려서 조금씩 내려놓던 시기에 방송 섭외가 들어왔다. 늦은 여름휴가로 떠난 9월의 제주도. 모르는 번호로 연락이 왔는데 본인을 방송작가라고 소개한다. 신랑과 바비큐 파티를 준비하던 나는 깜짝 놀랐다. 나같이 평범한 사람에게 방송 출연이 큰 이벤트로 다가오는 건 분명했다. 방송국에서 요구하는 촬영 방향을 듣고 보니, 평소 내가 하던 강의로는 부족한 부분이 있었다. 아예 새로운 교구 개발을 해야 할 판이었다. 검증도 안 된 교안을 방송 촬영 당일 첫 개시한다는 것은 여러 모로 부담이 컸다. 하지만 내게는 무엇이 있는가. 빅핸즈라는 든든한 수호 존재가 있지 않은가.

원하는 방향대로 얼마든지 준비가 가능하다고 말하고 전화를 끊었다. 휴가에서 복귀한 나는 그날부터 여러 가지 진행 방안을 놓고 고민을 했다. 대상은 초등학교 6학년. 아이들이 활동을 통해 유의미한 창직 결과물을 내어 놓아야 하는 상황. 몇 가지 기획안 중에 '이미지 조합 게임'으로 최종 결정하고, 그에 따른 준비를 했다. 방송 전날부터 나는 삶에게 여러 번 당부했다. 잘될 거라고 믿는다고. 여러 번 이미지 트레이닝도 했다.

방송은 다행히 잘 끝이 났다. 책상과 의자를 모두 뺀 텅 빈 교실에서 활동하는 모습은 나의 예상대로 아주 활발하고 창의적인 교육 현장으로 보였다. 아이들 역시 그런 분위기 덕분인지 처음 해보는 창직 게임인데도 잘 해주었다. 아이들이 옹기종기 모여앉아 이미지를 이리저리 조합하며 새로운 직업을 만들어내는 모습은 내가 봐도 '괜찮은 그림'이었다. 창직 결과물도 잘 나왔다. 아이들의 창직 중에 '아기 울음 통역사'는 스튜디오 촬영 때 대표 사례로 쓰이기도 했다. 방송 촬영도 내겐 의미 있는 일이었지만, 학생들 대상의 새로운 프로그램을 만들었고 그것이 성공적으로 검증되었다는 것이 더 큰 성과로 다가왔다. 방송분은 프로필과 강의에 유용하게 잘 쓰고 있는 건 두말 할 나위 없고 말이다.

나를 움직이게 하기 위한
삶의 깜짝 이벤트

　　　　첫 번째 책 계약도 희한한 계기로 진행됐다. 이 책
보다 먼저 쓰인 원고가 있다. 그 초고는 2016년 봄에 완성이 되었다.
수정한답시고 계속 손에 붙잡고 있었는데 속도가 엄청 더뎠다. 초고
완성이라는 거대한 1차 관문을 넘으니 해이해진 탓이었다. 여러 번
수정 후 투고하자는 결심이었는데, 정작 원고를 들여다보지 않았다.
책이 나와야 하는 것보다 '스스로 책 한 권을 썼다'는 것이 목적으로
보일 정도였다. 봄에 완성된 초고는 여름이 지날 때까지 노트북 안에
처박혀 있었다. 어느덧 가을이 되었다.

　10월의 어느 날, 비상이 걸렸다. 신랑이 회사를 그만두고 싶다고
한 것이다. 푸념처럼 하는 말이 아니었다. 생기가 다 빠져나간 것 같
은 신랑을 보고 예전처럼 "힘내 봐, 모든 일은 다 이유가 있다고 하잖
아"라고 공자님 말씀을 흉내내는 것조차 할 수 없었다.

　다만, "그래, 그동안 우리 먹여 살리느라 고생했으니 이제 내가 바
통 터치하겠다"면서 큰소리쳤다. 1년 전만 해도 신랑의 입에서 퇴사
소리가 나오면 심장부터 내려앉았다. 불안한 마음에 화를 내기도 했
다. 하지만 지금은 오히려 기회라는 생각이 들었다. 내가 가장이 되면
책임감이 막중할 테니 지금처럼 강의를 쉬엄쉬엄 하진 못할 것이다.
그동안 기댈 구석이 있으니 일보단 취미활동처럼 해왔던 셈이다. 우

아한 자기계발의 성격에 더 가까운 일이었다. 이젠 가장으로서 일을 해야 한다. 내 능력과 한계를 시험해 볼 기회라는 생각에 설레었다.

다음 날 신랑은 정말로 회사를 가지 않았다. 그냥 하는 소리가 아닌 듯 했다. 누워 있는 신랑을 두고 서울행 버스에 몸을 실었다. 이제 내 원고를 꺼낼 때가 된 것이다. 출판 시장을 한번 둘러보고 올 참이었다. 광화문 교보문고에서 다양한 책들을 보는데, 이상하게 내 원고에 대한 자신감이 붙었다. 집에 오자마자 투고를 시작했다. 최소한 3차 수정은 하고 돌려야지, 했던 계획은 잊은 지 오래였다. 그해 봄의 마지막 모습과 별반 다를 게 없는 초고였다. 그렇게 뒤안길에 있던 원고는 얼떨결에 세상에 나오게 되었다. 그리고 신랑은 다시 회사로 돌아갔다. 신랑의 퇴사 발언이 아니었으면 원고는 여전히 노트북 안에 잠자고 있을지 모른다. 나를 움직이게 하기 위한 삶의 깜짝 이벤트라고 생각한다.

취미로 하던 스트링 아트(string art) 강의도 종종 하게 됐다. 국내에 스트링 아트 자료는 물론 개념도 전무하던 2015년 여름, 해외 유튜브를 보고 따라한 공예였다. 집에서 틈 날 때마다 '실험'해본 작품들을 블로그에 올렸다. 이걸로 강의를 하면 재미있을 거란 생각은 했지만, 취미에서 그쳤다. 그런데 1년 후인 2016년 여름, 뜻밖의 전화를 받았다. 한국창의과학재단이었다. 전국의 교사들이 참여하는 창의교육포럼을 매년 개최하는데, 올해 그 자리에 초빙하고 싶다고 했다. 대박이었다! 그도 그럴 것이 스트링 아트 강의 개설에 욕심은 있었지만 제안서를 돌리진 않았다. '될 일이라면 되겠지'라고 생각하면서 손 놓고 있던 참이었다. 그런데 1년 만에 의뢰가 들어온 것이다.

첫 시작 치고는 굉장히 성공적이었다. 규모도 그렇고 대상도 그렇고, 추후 교육이 이어질 소지가 다분한 조건이었다. 한마디로 '있어 보이는' 의뢰처였다. 그렇게 스트링 아트 첫 강의에 무난하게 진입하게 되었고, 내 강의를 들었던 교사들은 각자 학교로 돌아가서 스트링 아트 수업을 했다. 색다른 공예에 아이들은 즐거워했고, 심지어 어떤 아이는 국내에 자격증이 있느냐고 물어봤단다(사실 자격증 과정을 만들까 싶었는데, 워낙 간단하고 기술이 필요 없는 분야라 관뒀다. 일명 '자격증 장사'를 하는 느낌이 싫었기 때문이다. 대신, 스트링 아트 관련 자료나 도안이 필요한 분들에게는 무료로 제공해 드리고 있다). 한 초등학교 영재반에서는, 그해 가장 재미 있었던 수업 1등으로 뽑히기도 했다. 이 학생들은 '2016 영재 페스티벌'에서 스트링 아트 부스로 참여하는 쾌거를 이루기도 했다. 스트링 아트를 블로그에 처음으로 올렸던 날에 적은 글이 아직도 기억난다.

"문화 강좌를 여는 그날까지!"

나를 사랑하는 삶에게 하는 인사,
"감사합니다, 사랑합니다!"

　　　일적인 부분에서 1년 동안의 변화는 온몸으로 느낄 정도다. 일에 있어서 내가 바라는 건 모두 이루어졌다고 해도 과언이 아니다. 물론 일상에서도 수월한 삶은 깨알같이 녹아든다. 약속에 늦어서 허겁지겁 차를 몰 때도 삶은 내 마음을 안다. 굳이 말하지 않아도 나의 에너지가 우주의 장에 입력이 되는 것 같다. 신호대기 중 전화를 받았는데 나랑 만나기로 한 사람이 벌써 약속 장소에 와 있다는 거다. 그 신호를 기점으로 12km를 가는 내내 신호는 단 한 번도 걸리지 않았다. 급한 마음에 지키지 못할 시간이란 걸 알면서도 "10분만 기다려주세요"라고 던졌는데, 정말로 10분 만에 도착한 것이다. 시계를 보고 헛웃음이 나올 정도였다. 그럴 때마다 나를 사랑하는 삶에게 인사한다.

"감사합니다, 사랑합니다."

가끔 삶을 실험해 보고 싶은 생각이 들 때도 있다. 우리 집에서 읍내로 나가려면 우회전을 한 후 약 500m 앞에서 좌회전 신호를 받아야 한다. 우회전을 한 순간 신호등이 보이면 나는 중얼거린다.

"자, 과연 신호에 안 걸리고 초록 불을 받을 수 있을까요, 없을까요?"

그럼 어김없이 초록 불을 받고 사뿐하게 빠져나간다. 그럴 때도 빙

그레 웃으며 인사한다.

"고맙습니다, 사랑합니다."

빅 핸즈를 믿고 의지하는 태도는 여유와 너그러움을 동반한다. 만약 버스 시간을 놓쳤거나, 지하도를 내려가자마자 지하철이 출발했다면 "무슨 이유가 있겠지" 혹은 "저걸 놓치는 게 나한테 더 좋은 거겠지" 하고 상황을 받아들인다. 조급하거나 스트레스를 받을 이유가 없다. 지금 이게 나한테 최선의 상황이라 믿는 것이다.

필요한 자료가 제때 눈에 띄는 마법도 경험한다. 어느 대학교 창직 강의에서 '창업 지원 제도'에 대해서 짧게라도 안내를 해달라는 부탁을 받았다. 알겠다고는 했는데 난감했다. 나는 창업에 대해 아는 것도 전혀 없을뿐더러, 그런 자료를 어디서 구해야 하는지도 몰랐다. 그런데 며칠 전 단톡방 대화가 떠올랐다. 중장년아카데미에서 코칭을 해준 교육생들이 나를 초청해 준 방이 있다. 초대는 되어 있으나 딱히 참여하거나 하진 않았다. 내부 회의를 하거나, 교육 프로그램과 사업 내용을 진행하는 것을 그저 멀찍이서 바라보는 입장이었다. 하루에도 몇 번씩 울리는 카톡 알람을 꺼놓을 정도로, 그 단톡방에서는 이방인 느낌이었다.

그런데 며칠 전, 그 방에서 창업 지원 제도를 정리했다며 공유한 파일이 생각났다. 당시엔 열어 보지도 않고 지나쳤는데, 부랴부랴 검색을 해보니, 세상에. 우리나라 모든 지원 제도가 일목요연하게 정리되어 있는 것이 아닌가! 무려 A4 용지 5장 내외 분량이었다. 이것을 다운 받아, 강의 때 학생들의 이메일로 바로 보내주었고, 난 '미션 클리어'를 해낼 수 있었다. 학교 담당자의 만족스러운 표정이 생각난다.

소소한 일상에서부터 나의 삶까지, 삶의 흐름이 흐르지 않는 곳은 어느 곳도 없다. 적재적소에 정보가 주어지고 우연을 가장한 필연이 다가오는 모든 것들은 삶을 믿는 자에게 오는 선물이다. 그리고 이 선물은 삶을 믿는 자만 알아챌 수 있는 신호이다. 마치 비밀 연애를 하듯, 알기 때문에 보이는 것이고 보이기 때문에 더더욱 믿게 된다. 이것이 애쓰지 않고 수월하게 풀리는 삶의 비밀이다.

"천국의 문을 열면 뭐가 있죠?"

어렸을 때 적었던 '장래 희망'이 생각난다. 돌아가신 할아버지는 손녀딸이 대학교수가 되길 바라셨다. 그래서 막연하게 대학교수가 되겠다고 꿈꿨던 적도 있다. 하지만 초등학교 때부터 고등학교까지 12년 동안의 꾸준한 장래 희망은 작가였다. 언제부터 문예부 활동을 했는지 모르겠다. 돌이켜 보니 학창 시절 내내 나의 동아리는 문예부였다. 아마 처음 글을 쓰기 시작한 것은 초등학교 3학년 때쯤이 아닐까 추측한다.

당시 담임이 동화책을 몇 권 낸 동화 작가 서하원 선생님이었다. 이 글을 쓰다 보니 숨어 있던 추억들이 뭉게뭉게 피어오른다. 나는 일기 쓰기 싫을 때 짧게 지은 동시로 일기장을 채웠다. 여백 가득 채우는 일기보다 몇 줄 쓰면 되는 시가 더 쉬웠기 때문이다. 나름의 꼼수였다. 그런데 선생님은 일기장에 적힌 시들을 세상으로 꺼내어 주셨다. 외부 백일장에 출품하기도 하고, 액자에 넣어 복도에 걸어두기도 했다. 선생님 차를 타고 시상식장으로, 독서 발표 대회장으로 다녔던 기억이 난다.

중학교 때는 영화 〈여고괴담〉과 인터넷 소설에 영향을 받아 '미친 개'를 등장시킨 짧은 소설을 썼다가 국어 선생님에게 불려가기도 했다. '미친 개'는 소설 속 선생님을 이르는 말이었다. 국어 선생님은 나를 혼내는 대신 글쓰기에 대한 이런저런 조언을 해주셨다. 내게 적어주신 엽서인지, 편지인지에 쓰인 선생님 필체가 아직도 기억난다.

고등학교에 입학하자 중학교 때와 분위기가 사뭇 달랐다. 소위 노는 애들과 아닌 애들이 미묘하게 갈리는 거다. 루카스 가방과 캔버스 운동화가 그 상징이었다. 아주 날라리는 아니지만 그렇다고 공부만 하는 샌님도 아니라는 표식? 자기 동아리에 가입시키려는 선배들이 교실로 찾아오곤 했는데, 문예부에 가입했다는 내 말에 의아해 했다. 보기엔 놀기 좋아하게 생긴 애가(물론 놀기 좋아한다) 문예부라고? 그 뒤로 선배들은 찾아오지 않았다.

대학교 때도 이전만큼은 아니지만 쓰는 행위는 이어졌다. 글쓰기를 중시하는 교수님을 만난 덕이다. 나는 광고홍보학을 전공했는데, 전공 시험을 치를 때도 외운 것을 그대로 쓰지 않고 스토리를 만들어 적어 내곤 했다. 가령, '광고와 PR의 차이는 무엇인가?'라는 문제에는 가상의 학교 앞 모자 장수를 만들어냈다. 그 모자 장수를 중심으로 답을 풀어나갔다. 지금도 다른 선생님들 성함은 전혀 기억나지 않는데, 글과 관련한 선생님들 성함만은 정확히 남아 있다.

그런데 내 학창 시절을 돌이켜 보면 아주 중요한 점을 발견할 수 있다. '당시의 현재'와 '장래 희망'의 '행동'이 '일치'한다는 것이다.

학교에 가면 학생들에게 장래 희망을 물어본다. 으레 아는 직업들이 여기저기 들리고, 없다고 하는 경우도 많다. 요즘은 이런 생각이 든다. '장래' 희망을 물어보는 게 과연 의미가 있을까? 이런저런 경험과 도전, 실험을 통해 뿌리를 만들어야 하는 시기의 아이들이다. 그들에게 '미래' 희망에 대해 물어본다는 것은 무엇일까. 무엇보다 돈을 벌어야 하는 어른의 세계는 아이들에겐 까마득한 미래다. 내가 고등학생 때 막 대학 졸업을 하고 부임하신 젊은 교사들이 있었다. 그때는 마냥 어른이라고 생각했는데, 지금 생각해 보면 기껏 24살, 우리와 많아야 7살 차이였다는 걸 깨닫고 새삼 놀란 적이 있다.

내가 중·고등학생일 때 30살은 아줌마라고 생각했다. 그런데도 거의 10년 후의 희망을 물어보는 것이 무슨 의미가 있단 말인가? 더군다나 예전에는 10년이면 강산이 변한다고 했지만 요즘은 1년이면 가능한 시대다. 내가 장래 희망을 적고 있었을 때, 네일 아티스트, 웹툰 작가, 쇼 호스트는 없었다. 차라리 '지금의 희망'에 대해 물어보는 것이 이치에 맞는 것 아닌가? 지금 하고 싶은 것, 지금 보고 싶은 것, 지금 듣고 싶은 것, 지금 느끼고 싶은 것이 무엇이냐고 말이다.

남학생들에게 취미를 물어 보면 '게임'이 압도적으로 많이 나온다.

장래 희망을 물어보면 "없어요!"라고 대답한다. 최소한 "게임하는 거요"라고 말해 주면 좋으련만 말이다. 현재 내가 즐기는 것, 좋아하는 것을 알아채는 탐색이 필요하다. '행위'의 본질적인 의미를 알면 자연스레 나의 본성과 연결될 테니 말이다. 예를 들면, 나는 글 쓰는 것을 좋아한다. 이건 1차원적인 시각이다. 표면에 드러나는 행위 그대로를 표현할 뿐이다. 글 쓰는 행위의 본질은 무엇인가? 생각이 없으면 글이 안 나온다. 머릿속에 금이든 똥이든 채워져 있어야 이걸 표현할 것이 아닌가. 생각이 많은 내가 이것을 정리할 수 있는 방법이 글쓰기다. 똥 같은 글로 나오든, 글 같은 글로 나오든 기록을 해야 해소가 된다. 이걸 혼자 문서로 치면 글이고, PPT로 만들면 교안이고, 말로 나오면 강의가 된다. 내가 하는 모든 활동은 유기적 관계인 것이다.

삶의 흐름 속에 선택을 하고, 선택 속에 삶의 흐름이 있다

어렸을 적 꿈으로 되돌아가 보면, 34살의 나보다 14살의 내가 인생을 더 치열하게 고민한 것처럼 보인다. 14살짜리는 이렇게 말한다.

"저는 축구 선수가 되고 싶어요."

"왜?"

"축구를 좋아하니까요."

또 어떤 여자아이는 스타일리스트가 되고 싶단다. 강아지나 친구들을 예쁘게 꾸며 주는 게 좋단다. 얼마나 심플한가. 그 일을 하고 싶은 이유가 '지금' 내가 그 활동을 좋아한다는 논리 말이다.

나는 목표가 없다. 계획도 없다. 지금 내가 좋아하는 일을 할뿐이다. 그래서 생활이 굉장히 심플하다. 육아와 살림을 제외한 나의 일상은, 글, 하나뿐이다. 글을 읽거나 쓰거나. 삶이 단순하니까 사는 게 좀 편하다. 관리하거나 신경 쓸 부분이 극히 적으니 말이다. 계획이 들어가는 부분은 가계부 정도이다. 그 외엔 대부분 삶의 거대한 흐름에 맡기고 흘러가는 대로 산다. 오늘 내가 하는 어떠한 행위가 다가오는 톱니바퀴에 자연스레 맞물릴 거라는 믿음을 가지고.

여전히 나의 미래는 모호하고 예측 불가능하지만, 예전처럼 불안하거나 조급하지 않다. 과거, 현재, 미래 통틀어 내게 주어진 모든 것은 삶이 줄 수 있는 최상의 것, 최선의 것이라 믿는다. 삶의 흐름 속에 선택을 하고, 선택 속에 삶의 흐름이 있다. 이것이 내가 사는 방식이다. 삶은, 삶의 흐름을 믿는 게 예뻐서 소원을 들어주는 게 아니다. 소원을 '들어주는' 개념이 아니라 내게 더 좋을 일이 '일어나는' 것에 더 가까운 느낌이다.

'이전'의 나는 내가 원하는 대로 살기 위해선 목표를 세우고, 계획을 수립하고, 목표를 다시 실행 가능한 행동 전략으로 쪼개고, 매일 꾸준히 '노력'해야 한다고 생각했다. 그런데 우연히 빅 핸즈를 경험하

삶의 흐름이 춤추는 대로

고 난 후는 완전히 그 생각이 달라졌다. 세상을 바라보는 패러다임 자체가 바뀐 것이다. 내가 노력해서 얻는 것은 한계가 있다. 차라리 삶이 세워둔 커다란 얼개 속에서 나의 자유의지로 다양한 선택을 하는 것이 훨씬 빠르다.

이 비밀을 알고 나면 여전히 모호한 미래가 이젠 설렘과 기대로 다가온다. 오늘보다 내일이, 내일보다 모레가 더 좋을 것이라는 절대적인 믿음은 나 자신에 대한 사랑으로 이어진다. 삶을 사랑하면 나를 사랑하게 될 수밖에 없다. 여기저기서 펼쳐지는 삶의 이벤트와 파티! 그 선물을 마주할 때의 기분은 느껴보지 않는 이상 절대 모를 것이다. 삶이 나를 완전히 사랑한다는 신뢰감, 나를 아낀다는 감사함이 가슴 깊숙한 곳에서 올라오는 느낌 같은 것 말이다. 지금 이 순간도 충만함으로 가슴이 간질거린다. 생각날 때마다 "사랑합니다, 감사합니다!"라고 인사하는 까닭이다.

시간의 끝자락에서
지금을 바라보면 생각이 환기된다

삶은 내가 원하는 것을 속속들이 안다. 심지어 내가 모르고 있던 내가 원하는 것까지 다 안다. 따로 원하는 것, 바라는 것, 이루고 싶은 것을 절실하게 기도하지 않아도 때가 되면 일어난다. 내가 그것을 온전하게 누릴 수 있는 그릇이 될 때까지 삶은 기다린다. 훈련되지 않은 사람은 갑작스레 얻은 명예, 부, 사랑에 언젠가 매몰되고 만다. 훌륭한 황금 칼이 주어졌는데, 내가 그것을 다룰 수 있는 인물이 되지 않으니 스스로 베고 마는 꼴이다.

내가 최고인 줄 알았던 때, 나는 또래에 비해 많은 것을 지녔다. 24살에 4천만 원 가까운 연봉으로 시작했고, 26살에 내 명의의 집도 사고 차도 샀다. 차나 집처럼 큰 건 잘 질렀는데, 오히려 작은 지출에 손을 떨었다. 옷, 가방, 신발, 머리, 피부 관리 등 치장하는 데 거의 모든 돈이 들어가다 보니 친구들 밥 한번 시원하게 사 줄 여유가 없었다. 아직도 기억나는 장면이 있다. 친한 친구 두 명과 편의점에 갔다. 친구 집에 가서 2차를 할 요량이었다. 친구들은 이것저것 먹을 것을 담더니 계산대 위에 장바구니를 올려놓았다.

"시현아, 네가 사 줘~!"

장난스레 아양 떠는 친구들의 모습에 기분이 팍 상했다. 왜 사달라는 말을 아무렇지 않게 하지? 그길로 기분이 나빠진 나는 계속 뚱하게 있었고, 친구들은 눈치를 봐야 했다. 3만 원도 채 되지 않았는데도 말이다. 그야말로 돈을 쓸 줄 몰랐던 것이다.

이렇게 돈을 제대로 다루는 방법을 몰랐던 나는 결국 모든 걸 잃었다. 30살에 다시 처음부터 시작해야 했다. 제로 베이스였다. 아니, 마이너스였다. 매월 50만 원씩 변제해야 하는 돈이 있었기 때문이다. 억대를 훌쩍 넘는 돈이 날아갔다. 하지만 아깝지 않다. 뒤늦게 알았지만 삶이 나를 훈련시키는 중이라는 것을 깨달았기 때문이다. 세속적인 관점에서 보면 속절없이 흘러간 시간이지만, 삶의 관점에서 보면 오히려 채우는 시간이다.

나의 돈주머니가 올바르고 제대로 쓰이게 될 때, 다시 돈주머니가 채워질 거라 믿는다. 내가 상상하는 그 이상으로. 만약에 마음이 힘든 일이 생기면 관점을 미래로 가져간다. 시간의 끝자락에서 지금을 바라보면 생각이 환기된다.

어느 날, 이상한 꿈을 꾸었다. 여전히 정확히 무슨 의미인 줄 모르겠지만, 삶은 꿈을 통해 무언가 전하고 싶었나 보다. 꿈속에서 나는 누군가에게 물었다.

"천국의 문을 열면 뭐가 있죠?"

그는 대답했다.

"네가 있다."

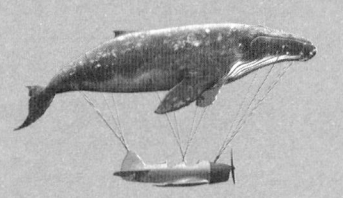

Part 5

• • • • •

라이프 플로위스트로 살아가다

의미 일기를 쓰다

　　　　　나를 위해 삶이 준비해둔 단서를 기록하기 시작했다. 현재로선 알 수 없지만 시간이 지남에 따라 알게 될 인과 관계의 일들, 여러 가지 퍼즐에 각각 놓일 퍼즐 조각들, 행운과 불행을 구분할 수 없는 일의 양면들을. 삶의 지도를 그리는 나만의 작업이다. 삶이 내게 보여주는 사랑은 당시엔 경이롭고, 감사하고, 탄복하지만 곧 잊어버린다. 결코 잊을 수 없을 것 같은 순간도 시간이라는 풍화 작용 앞에선 깎이고 날린다. 이 책을 쓰는 중에도 그동안 기록했던 '의미 일기'가 많은 도움이 되었다.

　'맞아, 이런 일이 있었지.'

　'그러고 보니 그 일은 이렇게 이어졌구나.'

　다시 들춰본 일기에는 삶의 흐름이 들어 있었다. 의미 일기란, 삶의 흐름을 기록하는 일기다. 오늘 나에게 일어난 일, 거기에 대한 나의 감정, 이 일이 추후에 어떤 의미를 가져다 줄 것인지 예측해 본다. 이런 과정을 거치면 힘들거나 버거운 일도 가뿐해진다. 기다리고 견딜 수 있는 내적 힘이 생기니까.

2016. 12. 08. 23:09
삶의 흐름 기록을 시작하면서

(중략)
내 길이 맞구나, 하는 확신의 계기, 슬럼프 극복의 계기, 사명감을 다시 생각하는 계기가 된다. 그럼 나는 또 기도한다.
'감사합니다.'

이것이 간략하게 적어 본 일과 삶에 대해 달라진 태도이다. 삶의 흐름을 믿고 내맡기는 일은 마음의 안정을 가져다준다. 무언가 큰 그림이 있겠지, 하는 마음에 걱정, 조급함, 불안함 등 부정적인 감정이 사라지는 것이다. 행복이란 무엇일까? 평온한 마음의 상태가 오래 지속되는 것은 아닐까?

마음의 안정을 얻은 것은 '덤'이고, 삶의 흐름을 타는 것의 가장 큰 장점은 일이 수월하게 잘 풀린다는 느낌이다. 나의 호불호를 지우고, 모든 일을 감사하게 받아들이니, 내가 이전에 얻고 싶어서 애썼던 것들이 아주 쉽게, 자연스럽게 다가온 것이다. 하루하루, 삶의 흐름을 맛보고 있다. 과거란 아주 먼 시간이 아니고, 미래 또한 아주 먼 시간이 아니다. 지금 이 순간을 기점으로 지나간 것은 과거이고, 다가올 것은 미래인 것이다. 지금 이 글을 쓴 순간도 이미 과거가 되고 있다.

우리는 미래에 섰을 때야 비로소 과거의 의미를 알게 된다. 이는 하루 동안에도 충분히 깨달을 수 있다.

'아, 아침에 그런 일이 있었던 거는 이러한 이유 때문이구나', '오, 그 일이 결국 이렇게 연결됐구나' 하는 식의 회상 말이다. 하루는 과거와 미래로 점철된 시간이기 때문에 가능하다. 나는 하루하루 이런 순간을 맞는다.

삶의 흐름에 내 삶을 맡기는 것, 삶의 흐름대로 사는 것, 삶의 흐름을 타는 것. 이것이 과연 어떠한 방향으로 나를 이끌고 가는지 궁금하여 기록해 보려 한다. '삶의 흐름'을 키워드로 잡고 난 후 많은 일들이 일어났고 많은 일들이 기억 속에서 소각되었지만, 기억나는 일부터 기록해 보려 한다.

내가 거창한 계획을 세우지 않아도 삶은 원활히 흘러간다는 것을 실험해 보고 싶다. 삶의 흐름을 믿으면, 삶은 내가 계획한 것보다 더 좋은 것을 준다는 진리에 대해 증명하고 싶다. 이렇게 나의 〈삶의 흐름 기록〉을 시작해 보려 한다. 이것은 어떤 일보다 나에게 중요한 일이 될 것이다.

의미 일기는 일기처럼 술술 적으면 된다. 단, '의미' 부분은 반드시 들어가야 한다. 의미 일기의 목적은 일상이나 감정의 기록이 아닌, 삶이 주려는 메시지를 이해하는 것이기 때문이다. 최대한 자세하게 기록을 해야 나중에 보았을 때 퍼즐 맞추기가 한결 쉽다. 하지만 최근에는 간단한 형식을 만들어 적기 시작했다. 시간이 없을 때나 바쁠 때, 간략하게 적고 싶을 때 유용하다. 쓰는 방법은 굉장히 단순하다. '상황, 감정, 의미 유추' 이 세 가지가 기본적인 틀이다.

예를 들어 새로운 일을 할 것인가, 말 것인가에 대한 의미 일기다.

1. 상황
'금융 PT 세일즈' 선택의 기로에 서 있음. 영업 실적이 좋은 팀이 함께 일해보자고 함.

2. 감정
돈을 많이 벌 수 있다는 생각에 설렘.

하지만 흔쾌히 수락하기엔 무언가 찜찜함.

이 일이 추후에 나에게 어떻게 다가올지에 대한 두려움도 있음.

왜? 이 일을 하고 싶은 주목적이 돈이라는 것. 돈이 나쁜 건 아니지만 내가 벌어야 하는 통로가 아닌 것 같은 느낌.

3. 의미 유추

비슷한 상황이 반복됨. "돈을 많이 벌 수 있어요" 소리에 흔들리는 나.

이 카르마에서 벗어나야만 내가 원하는 삶을 살 수 있다는 가르침인 것 같음.

훗날 이 선택의 기로가 또 좋은 사례로 쓰이겠지.

감사합니다, 사랑합니다.

반드시 들어가야 하는 요소는 '의미 유추'이다

사실 이 일기를 쓴 후에도 판단이 안 섰다. 이 일이 내게 다가온 게 내가 끌어당긴 것인지, 삶이 마련해준 기회인지 헷갈렸다. 무조건 후자여야만 했다. 에고(ego)의 욕구에 따른 선택을 한다면 나는 또 지름길 대신 지도에 없는 길을 가야 할 것이다. 더 이상 그런 낭비는 하고 싶지 않았다. 그래서 삶에게 주말 내내 물었다. 혹시 이 길은 삶이 준비해준 길이냐고, 확실한 답을 달라고. 내 길이 아니라면 어떤 형태로든지 나의 선택을 막을 텐데, 주말 내내 아무런 신호가 없었다.

'아무 메시지가 없다는 것은 삶이 준 일이라는 건가?'

결국 아무런 소득을 얻지 못한 채, 월요일이 되었다. 매주 월요일은 독서 토론 모임인 이음문학회 회원들이 만나는 날이다. 카페에 모여 커피 한잔한 후에 하나둘씩 자리를 떴다.

"저도 갈게요."

카페 사장님에게 인사를 하고 일어서려는데 그날따라 엉덩이가 무겁다. 가야 하는데 싶으면서도 왠지 일어서기가 싫었다. 그런 나를 보고 카페 사장님이 갑자기 "저기 책 좀 가져와 봐" 하신다. 사주명리학 책이었다. 뜬금없이 신년 운세를 보란다. 직접 봐주시는 것도 아니었다. 내 생년월일을 묻더니 계산을 하신다. 그리곤 "413 찾아서 읽어 봐"라고 말씀하신다. 페이지를 펼친 순간, 삶이 보내준 답이란 걸 곧바로 알아챘다.

'방황을 멈추고 자기 길을 찾아…… 욕심내지 말고 방향을 잡을 때……'

답은 여기서 그치지 않았다. 친구와 카톡을 하는데 친구도 뜬금없이 운세를 봐준다는 거다. 길고 긴 운세풀이를 보내 준다. 거기 또 삶이 보낸 답장이 있었다.

'특히 순리를 어기는 일을 하면 오히려 길성이 반기를 들 것이니, 어려움 중에서도 순리를 잃지 않도록 하세요.'

순리와 방향을 뜻하는 것이 무엇인지 나는 알 수 있었다. 내 마음이 수긍하는 것, 하면 편안해지는 것, 그것은 글이었다. 엉뚱한 데 가서 삶의 흐름이니 뭐니 헷갈려 말고, 제발 이 길만 쭉 가라고 꿀밤 맞는 느낌이었다. 방향을 잡으니 또다시 내면의 평화가 찾아왔다.

2016년 12월 27일에 쓴 의미 일기는 내가 원하는 강좌가 개설되지 않은 것을 토로하는 내용이다. 한 지자체 평생교육강좌 신청 공고를 우연히 보았다. 매달 들어오는 고정 수입을 갈망한 나는 전임 강사로 속해 있는 한국창직협회에 건의를 했다. 장기 프로그램은 처음이지만 진행해 보고 싶다는 의사를 밝혔다. 하지만 협회 승인은 떨어지지 않았다. 은근 서운했다. 그날 의미 일기는 이렇게 적혀 있다.

(중략)

그런데 이런 생각이 든다. 장기 과정이면 6개월, 혹은 1년 가까이 묶여 있어야 한다. 강의 비수기인 지금에야 장기 과정이 부담스럽지 않지만, 만약 내가 더 활발한 활동을 해야 할 때에 그런 장기 과정이 있으면 여러 모로 제약이 있을 것이다. 삶이 내게 하고 싶은 말은 다음과 같지 않을까?

'그 시기에 너와 맞는 많은 일을 할 것이다. 일부러 미리 막은 것이니, 기다려라.'

의미 일기에 반드시 들어가야 하는 요소는 '의미 유추'이다. 삶이 이 일을 통해 내게 어떤 메시지를 주고 싶어 하는지 삶의 입장에서, 거시적인 시각으로 바라보는 것이다. 내가 예상한 메시지의 의미가 맞았다는 것이 밝혀질 때는 정말 신기하다. 출판이 점점 늦어지는 것에 대해 쓴 의미 일기가 그렇다(참조 : 제3장-5. 언제나 삶은 더 큰 그림을 그린다).

지금 당장 의미 일기를 적어 보자. 상황, 감정, 의미, 이 세 가지만 기록해 두면 삶의 흐름이 한눈에 보인다. 삶의 메시지를 비로소 이해하게 된다. 오늘부터 내 삶의 지도를 함께 그려 보자.

땡큐 레터를 쓰다

우주와 연결되는 '핫라인'이 무엇일까 고민했다. 삶의 놀라운 비밀을 안 사람들은 명상, 요가 등을 일과 중 최우선으로 둔다. 명상을 하면 우주와의 공명이 쉽게 일어난다고 한다. 나 역시 명상을 몇 번 시도해봤지만 쉽지 않았다. 계속 떠오르는 잡생각과 머릿속에서 떠드는 말 때문에 고역이었다. 그걸 지나가게 내버려 두라는데, 내가 하는 게 맞는지조차 몰랐다. 매일 일정 시간 동안 앉아 있어야 하는 습관도 힘들었다. 그렇게 오랜 시간 '수련'해야 하는 방식 말고, 우주의 통로를 넓히는 다른 방법이 분명 있을 것 같았다. 삶은 관대하니까.

의미 일기를 쓰고 있었지만 이것은 기록의 성격이 강했다. 좀 더 강력한 에너지를 낼 수 있는 게 필요했다. 많은 사람들이 '감사의 기적'

이라 부르는 '감사 일기'를 써볼까 싶었다. 하지만 의미 일기 안에 감사의 성격이 들어가고, 무엇보다 매일 세 줄에서 다섯 줄 써야 한다는 것이 부담으로 다가왔다. 그러던 중 우연히 들어가게 된 어느 블로그.

메뉴도 기본 메뉴 하나뿐이고, 대문도 없었다. 빈약해 보이는 와중에도 무언가 있는 느낌이었다. 깊은 바다 밑에 가라앉은 보물 상자를 뒤지는 심정으로 하나하나 살펴보았다. 그 순간 내게 한 단어가 들어왔다. '땡큐 레터'. 바로 『땡큐 레터』를 쓴 신유경 작가의 블로그였다. 책을 읽지 않아도 땡큐 레터의 의미가 곧바로 이해가 되었다. 그 정도로 단어 안에 모든 것이 들어가 있었다. 바로 패드 편지지와 편지 봉투를 대량으로 주문했다. 나만의 시그니처를 위해 노란 봉투를 샀다. 만년필도 새로 정비했다. 묵은 잉크를 버리고 새 잉크를 채웠다. 순식간에 땡큐 레터가 내 삶으로 들어왔다.

'감사 일기'는 나에게 일어난 일들에 대한 감사이다. 작은 일상에서부터 감사할 거리를 찾아서 습관적으로 감사하면 어느 순간 행복해진다고. 감사 일기를 꾸준히 적고 있는 분들을 보면 정말 사소한 것에도 감사한다.

'일찍 일어나서 감사합니다.'

'맑은 하늘이 보여서 감사합니다.'

'맛있는 커피에 감사합니다.'

나 스스로를 위한 감사에도 인생이 달라지고 행복해진다면, 감사의 힘은 어마어마한 것이다. 수많은 에너지 중 우주와 가장 친한 가장 강력한 에너지일 가능성이 높다. 이 감사의 힘이 내가 아닌 타인에게 향한다면? 내가 기쁘고 행복해서 감사한 게 아니라, 나를 그렇게 만들어준 타인에게 감사함을 전한다면? 감사함의 에너지는 훨씬 더 강력해지지 않을까? 이런 생각이 순간 나를 관통하고 지나갔다.

첫 땡큐 레터는 누구한테 쓸까, 신랑? 친구? 부모님? 처음 쓸 대상에 대해 진지하게 고민했는데, 할 필요도 없는 고민이었다. 주문한 편지지와 함께 온 또 다른 택배가 있었는데, LG서비스센터에서 보낸 거였다. 설 연휴 전, 휴대폰 수리를 맡겼다. 직원이 그만 충전기를 돌려주는 걸 깜빡하여 택배로 보낸 것이다. 충전기와 함께 '미안합니다' 내용의 쪽지가 함께 들어 있었는데, 거기에 대한 답장이 첫 번째 땡큐 레터가 돼버렸다.

땡큐 레터의 대상은 신랑, 우리 아이와 놀아주는 초등학생, 장난감을 무료로 준 동네 주민, 시외버스 기사 아저씨, 단골 카페 사장님, 이음문학회 회원들, 문화 강좌 강사, 어린이집 담임선생님, 친구들, 휴양림 숙소 관리자, 시부모님, 펜션 주인, 전 회사 동기…… 무한히 확장되었다. 차례를 정하고 쓰기보다 직접 줄 수 있는 기회가 오면 전날 쓰는 식이었다. 친구들과 모임이 있던 전날은 10통을 쓰기도 했다. 확실히 혼자 쓰는 일기보다 누군가에게 줘야 하는 편지는 색다른 재미가 있었다. 특별한 반응이나 보답을 바라는 것도 아니었다. 편지 쓰는 행위 자체가 재미였다.

땡큐 레터는 결국에 나를 위한 행위다

뜻밖의 노란 봉투를 받은 사람들은 한결같이 깜짝 놀란다. 요즘 같은 시대에 손 편지라니. 땡큐 레터의 첫 시작은 어찌 보면 이기적인 이유였다. 명상과 같은 '정화' 활동을 하고 싶은 마음에서 시작했기 때문이다. 하지만 쓰면 쓸수록 마음 전달 그 자체가 목적이 되었다. 나는 평소 편지 쓰는 걸 좋아한다. 남편, 시부모님, 부모님, 친구들에게 종종 쓴다. 그런데도 버스 기사 아저씨나 벼룩(쓰지 않는 물품을 주고받는 것)을 위해서 잠깐 만나는 이웃에게 쓰는 감사 편지는 곤욕이었다. 이런 경우 감사한 이유는 명확하게 한 가지다. 안전하게 운전을 해주셔서, 혹은 우리 아이 운동화를 무료로 주셔서.

하지만 편지지에 한 줄만 달랑 적을 수 없다. 편지지를 채우기 위한 필사의 노력이 이어졌다. 편지지를 채우기 위해 고심하다 보니, 감사의 세분화가 일어났다. 그저 '충북에서 서울까지 안전 운행 해주셔서 감사합니다'가 아니었다. 나는 1시간 운전하는 것도 피곤해서 버스를 타는데, 직업으로 삼은 기사님이 존경스럽다. 일하러, 공부하러, 볼일 보러 서울까지 갈 수 있는 것은 기사님 덕분이었다. 기사님 덕분에 친구들을 만나고, 또 무사히 집으로 내려올 수 있음에 감사했다, 등등.

모든 탑승객들이 감사한 마음을 가지고 있는데 표현을 못할 뿐이었다. 예전의 나처럼 말이다. 큰 사건, 사고는 물론 작은 사건, 사고도 없이 언제나 무탈한 하루가 되길 바랄 수밖에. 이런 마음을 편지로 적자, 편지지는 금방 채워졌다. 무료 나눔을 해주시는 이름 모를 엄마에게도 '아이 장난감을 깨끗이 쓰고, 저도 이웃님처럼 또 다른 아이에게 무료로 나누겠다. 나눔의 기쁨을 알게 해주셔서 감사하다'고 적으면 되는 것이었다.

땡큐 레터는 남을 기쁘게 하는 행위인 줄 알았는데, 결국에 나를 위한 행위다. 땡큐 레터를 받는 순간 환하게 웃는 타인의 미소는 주변에 파장을 일으킨다. 그 파장은 나에게는 물론 주변 모든 것에 영향을 미친다. 편지를 주기 전, 주고 난 후의 분위기가 확연히 달라지는 것을 체감한다. 아이 어린이집 새 학기가 시작되었다. 아이의 전 담임선생님과 새로운 담임선생님에게 각각 땡큐 레터를 적었다. 막상 적었긴 한데, 새로운 담임교사에게는 전해주기가 영 쑥스러운 거다. 한 학기가 끝난 후 주는 것이 명분도 더 있어 보였다.

한편으론 괜한 걱정도 되었다. 선생님에게 편지가 오해나 부담으로 다가갈 가능성도 있었다. 결국 한 주가 끝나는 금요일 하원 길에 드렸다. 예상했다시피 선생님은 크게 놀라셨다. 그건 기쁨과 행복의 놀람이었다. 선생님께 "절대 부담스러워 하지 마세요"라고 신신당부하면서 집으로 왔다. 그날 밤, 선생님에게 메시지가 왔다. '행복한 부담감을 느끼며 아이들을 잘 보살피겠다'는 내용이었다. 선생님 카톡 프로필 사진도 내가 준 땡큐 레터로 바뀌어 있었다. 그 사진은 한 달이 넘도록 자리를 지키고 있다. 정말 감사하고 행복하다.

편지를 주고받을 때 우리는 이미 행복을 느낀다. 웃음이 터지는 것이 그 시작이다. 노란 봉투를 물끄러미 바라보는 사람도 있고, 사진을 찍는 사람도 있다. 카페 사장님은 장식장 위에 떡하니 전시도 해놓았다. 그런데 더 큰 감동을 받을 때가 있다. 생각지도 못한 답장을 받을 때이다. 종종 메시지로 답장이 오는데 꼭 저장을 해둔다. 감사에 대한 감사를 표하는 것이 감사해서이다.

거꾸로 내가 편지를 받는 입장이 될 때도 있다. 일명 '돌땡', 돌아온 땡큐 레터. 이럴 때 나는 입장이 바뀌어 기쁨의 비명을 지른다. 작가가 그린 예쁜 엽서 혹은 편지와 함께 자그마한 선물과 함께 돌아온다. 마치 파랑새가 아기 새를 보낸 것 같은 느낌이다. 나의 땡큐 레터를 받은 지인은 이런 말을 했다.

"저도 땡큐 레터를 함께 실천할래요."

감사의 파동을 직접 느끼는 순간이다.

땡큐 레터는 때때로 '쏘리 레터'가 되기도 한다

감사 편지를 적기 위해서는 상대방에 대해 곰곰이 생각할 수밖에 없다. 편지 한 장을 위해서 서비스센터 직원이나 버스 기사 아저씨의 입장에 서서 생각해 보아야 한다. 어떤 마음으로 이 일을 하실지, 어떤 노고가 있을지 상상한다. 그러다 보면 그분의 삶에 잠깐 들어갔다 나온 느낌이다. 친구들에게 쓰는 편지도 그렇다. 한 달 전에 편지를 쓴 친구에게 또 써야 할 일이 생긴다. 이미 그때 할 말 다 한 것 같은데 도무지 쓸 말이 떠오르지 않는다. 그러면 우리의 과거를 헤집는다. 과거의 기억 서랍을 꺼내서 이것저것 꺼내 놓는다. 뜻밖의 추억 여행이 되는 것이다.

땡큐 레터는 때때로 '쏘리 레터'가 되기도 한다. 미안함과 감사함은 언제나 함께 동반한다. 마음 아프게 했음을 사과하는 동시에 이해해 주고 양해해줌에 감사를 표하게 되니 말이다. 손 편지만이 가지는 어떠한 힘이 있다. 종이를 반듯하게 펼쳐놓고 펜을 쥔다. 필체는 정성과 마음이 들어가야 예쁘게 나온다. 그 순간은 편지지 위에 적혀가는 글자만이 보인다. 온 마음은 편지를 받는 상대를 생각한다. 마지막 글자를 쓰면 나도 모르게 숨이 후- 하고 쉬어진다. 참았던 숨이 터지는 것이다.

한 번, 두 번 각을 맞춰서 접은 후 편지 봉투에 넣는다. 노란 편지 봉투에 'THANK YOU' 스티커를 붙인다. 스티커는 하얀색과 검은색이 있는데, 아무 색깔을 붙이는 것이 아니다. 받는 사람의 이미지에 맞는 색깔을 고른다. 받는 사람 이름과 내 이름을 적으면 비로소 끝이 난다. 이 모든 과정이 짧게는 10분, 길게는 2,30분이면 충분하다. 20분의 투자가 24시간, 240시간의 행복으로 돌아온다고 믿는다.

나에게 땡큐 레터를 알게 해준 신유경 저자의 책을 읽었다. 신유경 작가는 『365thank you』라는 책을 읽고 365통의 땡큐 레터를 적기로 결심했다. 웃긴 것은 우리 집 책장에도 『365thank you』가 꽂혀 있다는 것이다. 일독일행(一讀一行)이 떠오르면서 잠깐 반성을 했다. 신유경 씨는 감사할 것이 많아서가 아니라, 조금이라도 나은 삶을 살아 보고자 땡큐 레터를 적기 시작했다고 한다. 그 결과, 인생의 많은 것이 바뀌었다. 책 내용 중 '운이 좋아지는 것을 느꼈다'는 부분을 읽고 나는 생각했다.

'드디어 삶의 흐름을 타셨구나.'

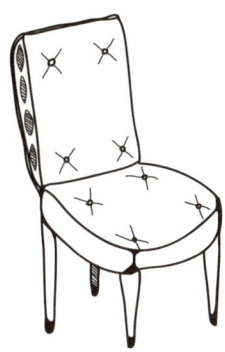

도트 커넥션을
알아차리다

　　비 오는 날을 좋아하지 않는다. 절인 배추마냥 축 늘어지게 된다. 그러나 미세먼지로 뿌연 하늘을 며칠째 보고 있으니 비 소식이 반갑다. '하필'과 '드디어'의 기준은 나의 마음가짐에 달려 있다. 같은 비라도 어떻게 바라보느냐에 따라 반가운 손님이거나 혹은 귀찮은 불청객이 된다. 우리가 찍고 있는 '지금'이라는 점도 마찬가지다. 이 점이 어떠한 종류의 싹을 틔울지는 '그때' 가보아야 알 수 있다.

　　이음문학회 멤버 중 퇴직 교사가 계시다. 수필가 K 선생님이다. 고작 68세지만 최고령 타이틀을 꿰찬 선생님을 우리 문학회에서는 '회장님'이라 부른다. 벚꽃이 한창 휘날리던 4월 경, 회장님의 집에 초대를 받았다. 풍경 좋기로 소문난 진천 백곡은 그야말로 환상이었다.

화창한 날씨의 백곡을 기대했지만 그날은 비가 내렸다. 잘 관리된 회장님의 전원에서 차를 마시기로 한 계획은 어긋났지만, 비가 오는 풍경을 내다보며 마시는 차 맛 또한 일품이었다. 도서관 동아리 실에서 대화를 나누는 것과는 또 다른 느낌이었는데, 그날 나는 '도트 커넥션 by K회장님' 이야기를 만났다.

회장님은 어렸을 때부터 책에 파묻혀 살며 소설가를 꿈꾸던 문학소녀였다. 그 시절에는 중학교도 시험을 쳐서 가야 했다. 공부를 곧잘 했던 회장님은 당시 명문 여중인 K중학교에 원서를 넣었다. 하지만 뜻밖에 입시 실패를 했고 재수 혹은 다른 학교 2차 시험을 보아야 했다. 그런데 어느 날, 구독하던 신문의 어느 기사를 엄마가 보셨다. J여중 추가 모집 공고였다. J여중도 명문 여중이었는데, 그해만 특별히 추가 모집을 한 것이다. 회장님은 J여중 시험을 봤고, 당당하게 최종 합격자에 들 수 있었다. 회장님을 포함해 추가로 합격한 학생들은 다른 명문 중학교 입시전형 후 온 학생들이었기에 성적이 우수했다. 이러한 특성 때문에 선생님들의 관심은 특별했다. 회장님의 첫 담임선생님은 마침 국어교사였다. 매일 반 아이들에게 글을 읽어주셨다고 한다. 이렇게 문학과의 사랑은 더 깊어졌다.

회장님은 E여대 국어국문학과에 입학을 했다. 어느 날, 학과에서 공문이 내려왔다. 교직과목을 이수하면 2급 정교사 자격증을 취득할 수 있으니 신청하라는 내용이었다. 하지만 회장님의 관심사가 아니었기에 신청을 하지 않았다. 학과 조교가 회장님을 따로 불러서 왜 신청을 하지 않느냐 물을 정도였다. 교직과목 이수를 충분히 할 수 있는 성적인데도 신청하지 않은 것이 의아했나 보다.

"저는 교사가 아니라 소설가가 될 건데요?"

눈을 동그랗게 뜨고 대답하는 회장님을 보며 조교는 한숨을 내쉬었다. 우선 내 말대로 신청이나 하라고. 그렇게 2급 정교사 자격증을 우연히 받았다. 알고 보니 성적 우수자 중 회장님만 유일하게 신청을 하지 않은 학생이었다고 한다. 그때는 몰랐다. 우연히 받은 정교사 자격증이라는 작은 점이, 훗날 본인의 항로를 바꿀 큰 점으로 다가오리라는 것을. 거대한 도트 커넥션의 시동이라는 사실을. 하지만 이후에도 회장님은 교사가 될 거라고 생각조차 않았다.

결혼을 하고 아이를 키우면서 세월이 훌쩍 지난 십수 년 후, 다시 모교와 인연이 닿았다. 옛날의 은사님께 설 세배를 드리고 싶은 마음에 주소를 물을 요량으로 모교에 전화를 했다. 이 한 통의 전화로 회장님의 인생 항로가 바뀌었다. 그날은 연휴 기간인데도 중학교 때 담임선생님의 근무 날이었고 그렇게 '점'이 연결되었다. 더군다나 그 시기는 마침 국어교사 모집 기간이었다. 담임선생님의 권유로 뒤늦은 이력서를 썼고 면접을 보았다. 자녀를 다 키워놓고 마흔이 넘어서도 모교 국어교사로 부임할 수 있는 행운을 얻게 된 것이다.

원하던 중학교에는 입시 실패를 했지만 우연히 엄마가 신문 공고를 보게 되었다. 계획에 없던 학교에 진학하면서 문학의 동반자인 중1 담임을 만났다. 또한 20여 년이 지난 후의 안부인사 덕분에 모교와 다시 연결이 되었다. 대학교 조교의 '오지랖' 덕분에 교직 이수를 했고, 십수 년 전의 우연한 선택 덕분에 모교에 몸담을 수 있었다. 모든 것은 도트 커넥션으로 설명된다. 회장님은 그때를 회상하며 이렇게 말씀을 하셨다.

"나는 아등바등 살려고 한 적도 없고, 교사가 되려고 마음먹은 적도 없었다. 큰 욕심도 없었다. 그저 흘러가는 대로 살다 보니 여기까지 왔다. 나는 내 인생에 만족한다."

물론 최선을 다하고 준비하는 '나'의 영역을 갖추었기에, 우연이라는 삶의 영역과 융합될 수 있었으리라.

모든 것의 시작은 '점'이다

세상의 변화, 흐름, 문화, 제도, 돌발적 상황은 내가 예측할 수도, 계획할 수도 없다. '간절히 바라면 이루어진다'고 믿는 행위는 이런 외부 상황을 전혀 고려하지 않은 것이다. 우주의 큰 그림과 내 삶의 흐름 속에서 '도트 커넥션(dot-connection)'을 이해하는 자세가 필요하다. 우주의 관점에서 본다면 우리가 찍고 있는 무수한 점들에는 성질이 없다. 선하거나 악하거나, 도움이 되거나 무의미하거나 따위의 잣대가 아니라는 것이다.

냄비에 물을 올려두고 기다리는 동안 부엌 베란다 문에 기대어 섰다. 비가 오려는지 구름이 잔뜩 끼었다.

'두 달 후면 이사네……'

전 재산 1천만 원이 다였던 우리 부부는 3년 만에 아파트를 분양받았다. 한 친구는 묻는다.

"집 장만하니까 좋아?"

솔직히 아직까지는 별다른 감흥이 없다. 내 집 마련이라는 목표도, 계획도 없었다. 수중에 가진 돈으로는 월세를 살 수밖에 없다고 은연중에 벽을 세웠다. 그런데 옆 빌라 살던 아기 엄마가 그렇게 아파트 타령을 해댔다. 덕분에 충북혁신도시를 알게 되었다. 충북혁신도시에 탐방을 다녀온 아기 엄마는 "아무것도 없어. 허허벌판이라서 그런지 바람도 엄청 세"라면서 혀를 내둘렀다. 충북혁신도시와 5km 떨어진 회사에 다니는 신랑도 같은 말을 했다.

'진짜 별로인 모양이구나.'

그렇게 내 관심사에서 멀어지는가 싶었다. 그런데 어느 날 부동산 정보를 보는데, 충북혁신도시 아파트 월세 매물이 있었다. 수요자가 많지 않던 시기라 여러 채의 매물 중 하나를 선택하면 될 정도였다. 월세와 보증금도 지금 살고 있는 빌라의 반값이었다. 25평 새 아파트가 말이다! 그 길로 바로 차를 몰고 충북혁신도시로 갔다. 역시 어떤 경우든 내 눈으로 직접 확인을 해야 한다. 아기 엄마와 신랑과는 정반대로 나는 이 동네를 보고 첫눈에 반해버렸다.

깨끗하고 넓지만 차가 별로 다니지 않는 도로, 사람 구경하기 힘들

정도로 조용하고 한적한 그 환경이 내겐 아주 매력적이었다. 우리 가족은 충북혁신도시로 이사를 왔고, 도시가 발전하는 2여년을 함께했다. 그 안에 살고 있으니 새로 분양하는 아파트 정보 역시 실시간으로 알 수 있었다. 우리는 결국 대출을 얻어 적절한 조건의 아파트 한 채를 마련할 수 있었다. 수다를 함께 떨던 아기 엄마는 그저 스쳐 지나가는 인연이 아니었다. 삶이 보낸, 집 담당 수호신이었다.

내가 생각한 한계는 '나'라는 작은 세상 안에서의 기준이었다. 부모님을 만나고, 부산에서 자라고, 서울에서 일하고, 결혼을 하고, 충북에 오고, 아이를 낳고, 글을 쓰는 모든 것의 시작은 '점'이다. 점은 내 인생의 씨앗이다. 내 인생 안의 점뿐 아니라 타인과의 점, 세상과의 점과도 이어지고 유기한다. 내가 찍고 있는 점들의 합은 언제나 전체보다 크다. 나를 사방으로 둘러싸고 있는 크고 작은 별들을 상상해 보자. 나는 작은 우주가 된다.

지금 내게 옳은 일은
무엇인가

나에게 가장 좋은 길을 알 수 있는 방법이 있다.

"찔리는가, 찔리지 않는가?"

양심의 가책을 느낄 때 흔히 시쳇말로 '찔린다'라고 표현한다. 상대에게 해를 끼치거나 사회적으로 중대한 잘못을 저지르지 않더라도 우리는 종종 찔리는 상황에 마주한다. 내가 겪은 며칠 전의 일을 잠깐 고백하고자 한다. 아들과 읍내의 한 다세대주택에 갈 일이 있었다. 잠깐 일을 보고 나왔는데, 아파트 화단에 허름한 킥보드가 놓여 있는 게 아닌가. 먼지를 뒤집어 쓴 채 거의 방치된 거나 다름없어 보였다.

아들은 쓰레기나 다름없는 그것에 관심을 보였다. 아들은 발을 몇 번 굴려보지도 못한 채 바로 넘겨졌다. 바퀴나 핸들이 망가진 것 같았다. 이걸로 연습을 좀 한 후 새 킥보드를 사주자 싶었다. 차에 싣고 출발하자마자 마음이 불편하기 시작했다.

'저 쓰레기 주워온 것도 도둑질이라고 찔리네.'

신호를 두세 번 받으며 가는 동안 내 신경은 온통 주워온 킥보드에 쏠려 있었다.

'이미 집까지 반이나 왔으니 내일 다시 갖다 놓자.'

스스로 양심의 속삭임을 달래 보려 했지만 헛수고였다. 결국 유턴을 하고 말았다. 다시 아파트로 들어가 화단 앞에 차를 세웠다. 차에서 킥보드를 내리자 아들은 이내 눈치를 채고는 징징댔다. 제자리에 가져다놓는 시간이 그동안의 시간보다 훨씬 더 길게 느껴졌다. 아무리 쓰레기처럼 보여도 주인이 있을 수 있는 것이다. 내게는 버려야 할 정도로 낡은 고물이지만, 혹시나 있을 주인에게는 보물일 수도 있다. 진짜 버린 물건이라면 화단이 아니라 분리수거함에 있어야겠지. 당연한 가능성을 나는 애써 모른 척 한 것이다.

킥보드를 제자리에 두고 오니 이전보다 한결 나아졌다. 그러나 또 다른 감정이 나를 괴롭혔다. 어쨌든 나는 도둑질을 한 것이다. 아들을 위한 마음이랍시고 잘못된 선택을 했던 나에게 자괴감이 들었다. 그 놈의 킥보드가 뭐라고 며칠 동안 뭐가 괜찮나 알아보고, 놀이터에서 다른 아이들 킥보드를 유심히 살펴보고, 급기야 낡은 킥보드를 그냥 들고 오게 한 '킥보드의 망령'에서 벗어나고 싶었다. 며칠 후 아들에게 새 킥보드가 생겼다. 비로소 내 인생에서 킥보드가 사라졌다.

더 솔직한 고백을 하자면, 예전 같았으면 아마 집까지 킥보드를 가지고 왔을지도 모른다. 하지만 언제부터인가 나를 불편하게 하는 '양심'이라는 존재가 떡하니 자리 잡고 있었다. 일전에 한 가구 브랜드 쇼룸(show room)에 구경 간 적이 있다. 재미있게 구경하고 있는데 작은 상자가 보였다. 그 안에 귀여운 몽당연필이 들어있는 게 아닌가. 이미 손님들이 하나둘씩 가져갔는지 서너 자루밖에 남아 있지 않았다. 몽당연필로 제작된 연필은 처음 보았기에 기념으로 세 자루를 챙겼다.

욕심 부리지 마라는 신랑에게 "왜, 다른 사람들도 다 몇 자루씩 가져가던데?"라고 대꾸했다. 몇 달 후, 몽당연필의 정체를 뜻밖에 알게 되었다. 뉴스에 그 몽당연필이 나온 것이다. 그 연필은 손님이 가져가도 되는 물품은 맞았다. 다만, 가구 사이즈를 재거나 메모를 할 때 쓰라고 놔둔 용품이었다. 한 사람이 여러 자루를 챙겨가는 세태에 대해 보도하는 뉴스를 보고 있자니 얼굴이 화끈거렸다. 가구 업체는 "연필 자체가 홍보가 되기 때문에 괜찮다"는 입장이었다. 하지만 나는 안 괜찮았다. 아, 내가 '무개념' 인간 중에 하나였다니!

이랬던 내가 언제부턴가 조금씩 바뀌어 가고 있다. 약국에서 아이 약을 지으면 작은 약통을 따로 챙겨준다. 아이 용량에 맞게 덜어서 먹이는 용도이다. 예전에는 뭐가 뭐든 '쟁여 두면' 좋다는 생각에 주는 대로 받아왔다. 그런데 여분의 약통은 많이 필요해 봤자 두 개다. 집과 어린이집에서 쓰는 용도. 언제나 넉넉하게 약통을 챙겨 주는 약사에게 "집에 이미 있어요"라고 말한다. 우리에겐 아무것도 아닌 게 그

분들에게는 비용이라는 걸 알아서이다. 빨대, 일회용 스푼, 티슈 등이 그런 종류다. 아주 사소하지만 사람을 우습게 만들 수도 있는 일상의 양심.

삶은 양심이라는 개인 수신기를 통해 귀띔을 해준다

사람에게 '양심'이 탑재되어 있다는 새삼스러운 사실을 자각한 것은 최근이다. 삶의 흐름을 어떠한 개념으로, 학문으로 정리한 자료가 없는지 찾던 중 유튜브 강의를 보게 되었다. 강연자는 이런 말을 했다.

"내가 원하는 것이 있으면 우주에 부탁을 해 놔요. 저 '홍익 학당' 더 키울 수 있게 3층짜리 건물 주세요. 그게 끝이에요. 주면 주는 거고, 안 주면 안 주는 거고. 그런데 다 줘요."

내가 생각하는 삶의 흐름과 가장 부합하는 설명이었다. 그동안 읽은 철학, 명상, 뉴에이지 책에도 우주, 에너지 등 큰 범위에 대해서만 설명하고 있었다. 이렇게 삶의 흐름만을 두고 이야기하는 사람은 내가 아는 사람 중 처음이었다. 홍익 학당 윤홍식 대표였다. 그에게 감사 메일을 보냈다. 그의 강연을 시간 날 때마다 보았다. 내가 관심 있는 분야다 보니 너무 재미있었다. 철학, 인문학, 종교, 고전 모든 것을 아우르는 그의 지식에 감탄을 했다. 그의 한마디는 삶의 흐름 속의 선택에 대해 명쾌하게 설명한다.

"어떤 선택을 할 때 이것만 보면 돼요. 명확한가, 찝찝한가."

얼마 전의 내 고민으로 잠깐 돌아가 보자면, 나는 금융 PT 세일즈에 대해 오랫동안 고민을 했다. 근원적인 고민은 돈도, 적성도, 방향도 아닌, 양심이었다. 외부적인 조건은 갖추어졌고 내 선택만 남은 상황인데, 흔쾌히 OK할 수가 없었다. 평소라면 이 일의 섭외가 들어온 순간 신랑에게 의논을 했을 나였다. 이번에는 신랑에게 한마디 말도 하지 않았다. 왠지 진행이 될 것 같지 않아서였다. 내 고민을 아는 친구는 "이미 네가 답을 알고 있잖아. 마음이 안 간다는 게 답이잖아"라고 말했다.

하지만 그건 정확한 답이 아니었다. 나는 한번 해보고 싶었다. 새로운 도전을 해보고 싶은데 자꾸 마음 한 구석이 켕기는 게 문제였다. 윤홍식 대표의 말처럼 명확하지 않고 찝찝했던 것이다. 찝찝하면 안하면 될 텐데, 확실한 선택을 하지도 못했다. 해보고 싶은 나의 미련 때문이었다. '나'는 해보고 싶은데 '양심'은 아니라고 한다. 무의미한 고민덩어리를 굳이 끌어안고 일주일을 지내다, 삶의 대답을 받고 내려놓았지만 말이다.

삶의 흐름을 믿은 후부터 양심의 묵직함을 느낀다. 물론 그 전에도 양심은 있었을 거다. 가엾은 아이를 위해 기부를 하거나, 뉴스를 보고 후원계좌로 입금도 했다. 쓰레기는 쓰레기통에 버리고, 새치기 하지 않았다. 밥 사준 사람에겐 다시 대접을 했다. 그런데 이건 사회적인 양심이었다. 아무도 보지 않을 때 나의 행동은 미묘하게 달라지곤 했다. 빨대, 일회용 스푼처럼.

삶에게 묻고, 답을 받고, 의지하고, 절대적인 사랑을 느낄수록 '아는 존재'가 있다는 느낌이 들었다. 물론 삶은 여느 신처럼 벌을 주거나 지옥에 보내지는 않는다. 있는 그대로 바라볼 뿐이다. 착하다, 나쁘다 판단도 하지 않는다. 그 판단은 나 스스로 하는 것이다. 양심이라는 도구를 통해서. 모든 에너지가 연결되어 있고, 그 모든 것이 우주에 기록된다고 생각하면 더 이상 나 좋을 대로만 행동할 수 없게된다.

혈관이 깨끗해야 피가 잘 도는데, 혈관 속에 기름, 찌꺼기 등이 쌓이면 피의 흐름이 원활하지 못하다. '찝찝함'은 삶의 흐름 통로 속의 찌꺼기다. 이 찌꺼기는 사람과의 관계, 돈 관계, 일 관계 등 다양하다. 어느 사람에게 심리적 부채감이 있다면 이것부터 정리해야 한다. 미안한 사람에게 미안하다 하고, 일을 설렁설렁 했다면 이제부터 최선을 다하고, 작은 돈이라도 갚지 않았으면 정리하고, 얻어먹기만 했다면 대접 한번 하는 식으로 말이다. 나부터 해야 할 일이다.

나에겐 해결해야 할 부채가 아주 많다. 나에게 서운함을 내비쳤던 후배 얼굴을 아직 보지 못했고, 몇 년 전 친구에게 빌렸던 5만 원을 아직 갚지 않았다. 서울에서 집을 구할 때 아빠가 보태주신 1천만 원은 당연한 듯 내 돈이 되었다. 감동을 준 좋은 책을 제작해 준 수많은 저자와 출판사에게도 감사 인사를 못 전했다.

지금 내게 옳은 일이 무엇인가. 이 질문은 선택의 중요한 지침이 될 수 있으리라. 삶은 양심이라는 개인 수신기를 통해 귀띔을 해준다. 우리는 양심이 우주와 연결된 안테나라는 걸 이제라도 알아채면 된다. 우주와 양심은 주파수가 같다. 함께 공명한다. 삶이 우리에게 주신 최고의 인생 아이템이다.

삶에게 주문서를 넣다

　　양심은 사회적 관계는 물론이고 내면의 등불이 되기도 한다. 선택에 있어서 충분한 지침서 역할을 한다. 하지만 더 명확한 '힌트'가 필요할 때도 있다. 이럴 때는 삶에게 SOS를 친다. 주문서를 넣는 것이다. 주문서의 회신율은 100%이다. 나의 주문서에 대한 응답 기간은 길어도 일주일을 넘지 않는다. 주문서를 넣는 방법은 간단하다. "제게 답을 보여 주세요"라는 말이면 된다. 삶은 다양한 통로를 통해 답을 준다. 책, TV, 친구와의 대화, 웹툰, 동영상, 지인, 낯선 사람, 꿈 등 어떠한 형태로든지 내게 온다.

　'나는 무딘 편인데 삶이 주는 답을 놓치면 어떡하지?'

　이런 걱정은 할 필요가 없다. 주문한 택배가 내 것임을 알 듯, 자신을 위한 답장이라는 것을 직감으로 안다. 내가 바로 주문서의 주인이기 때문이다.

다른 책의 서문을 쓸 때다. 서문이 마무리가 안 되어 애를 먹고 있었다. 서문은 책을 구성하는 요소 중 중요한 부분이다. 주제, 방향, 저자의 집필 의도, 목적 등 이 책을 선택하는 데 있어서 나침반 역할을 한다. 책이 하는 프러포즈라고 할 수 있다. 프러포즈의 성공 여부에 따라 책의 운명이 결정된다. 읽을 것인가, 말 것인가. 이렇게 중요한 역할을 하는 서문이니 나의 고민은 깊어질 수밖에 없었다. 결국 삶에게 주문서를 넣었다.

"프롤로그를 어떻게 마무리 지으면 좋을까요?"

답은 꿈결을 통해 왔다. 의식과 무의식의 경계에서 깜박거리던 순간 한 문장이 획 지나갔다. 순간 잠이 확 깼다. 여러 번 수정했던 서문보다 훨씬 괜찮았다. 그 한 문장에서 비롯된 서문은 완성되었고, 출판사의 '빨간 펜'은 사라졌다(사실 이 책의 에필로그도 이런 과정을 통해 완성됐다).

연비가 좋은 차를 알아보다가 '캐시카이'와 '쥬크'라는 자동차를 알게 되었다. 아주 생소한 브랜드였다. 신랑도 친구들도 이 차에 대해 아는 사람이 없었다. 사진을 보여 주니 이상하게 생겼다고 신랑은 별로라고 한다. 확실히 호불호가 갈릴 디자인이었다. 실물이 궁금했다. 하지만 이 시골에서 흔치 않은 차를 볼 수 있을 리 만무했다.

그런데 진짜 재미난 일이 벌어졌다. 어느 날 지하 주차장에서 외계인처럼 생긴 차를 보았다. 한눈에 알 수 있었다. '쥬크'라는 것을. 분명

이전에는 없었던 차가 어느 날 '뿅!' 하고 나타난 것이다. 얼마 지나지 않아 '캐시카이'도 직접 봤다. 우리 동네 마트 앞에서 만난 하얀색 캐시카이. 뒷모습을 보고는 몰랐는데 닛산의 시그니처 'V모션 그릴'을 보고 그 녀석이라는 걸 알았다. 이 작은 소도시에 거짓말처럼 나타난 것이다.

『E2 : 소원을 이루는 마력』의 저자는 이를 '폭스바겐 제타 법칙'이라 표현한다. 폭스바겐 제타를 보기로 마음먹으면 세상의 모든 폭스바겐 제타가 보인다는 것이다. 베이지색 차 혹은 노랑나비를 찾겠다고 결심한 이상 그것을 찾을 수 있으니 실험해 볼 것을 권유한다.

우주 우체통은
누구에게나 열려 있다

시골 초등학교에 아이를 보내고 싶은 나는 생각날 때 틈틈이 정보를 찾는다. 아이가 시험보다 놀이, 전자기기보다 흙을 가까이 했으면 좋겠다는 바람이다. 이런 내 생각을 아는 주변 사람들이 시골 학교를 추천해 주기도 한다. 하지만 전교생이 110명이나 되는 생각보다 규모(?)가 있는 경우가 많았다. 나는 한 학년에 10명이 넘지 않는 아주 작은 학교를 바라는 데 말이다. 전교생 60명인 학교가 우선은 1순위였다.

그러던 중 나의 조건에 완벽히 충족하는 학교를 찾았다. 전교생이 무려 46명! 날이 따뜻해지면 구경 가봐야지 하고 적어 두었다. 그로부터 2시간 후, 나는 그 학교를 두 눈으로 보고 왔다. 계획에도 없이.

지역 커뮤니티에서 아이 신발을 받기로 한 나는 이월면이라는 동네로 가야 했다. 막국수를 먹으러 간 것 말고는 가 본 적이 없는 곳이었다. 같은 진천군이었지만 생각보다 거리가 꽤 되었다. 네비게이션은 점점 더 후미진 곳으로 나를 안내했다.

'아주 시골스럽군, 여긴 진짜 시골이구나!'

주변 풍경을 감상하는데 "목적지에 도착했습니다"라는 안내 음성이 나왔다. 그때부터 헤매기 시작했다. 드문드문 있는 시골집에서 어느 집인지 찾고 있는데, 저기 웬 학교가 보인다. 의외의 등장에 학교 팻말을 보았다.

'상신초등학교'.

헛웃음이 터졌다. 삶이 주문을 접수한 것이다. 무언가 요청하지도 않았는데, 바라던 답을 얻은 것은 요 며칠 연속하여 일어난 참이었다. 이젠 아주 텔레파시가 통하는 느낌이었다. '에너지 장'에 한 발 들어선 기분이랄까? 그 학교는 바로 2시간 전, 희망 1순위로 올라간 학교였던 것이다.

내가 찾는 집은 초등학교를 뒤편에 두고 있었다. 신발 두 켤레를 얻으면서 아기 엄마한테 말을 붙였다.

"진짜 신기하네요. 아이를 시골 학교에 보내고 싶어서 상신초등학교를 염두에 두고 있었거든요. 날씨 따뜻해지면 보러 와야지, 했는데 여기 바로 상신초등학교가 있네요?"

반가워 어쩔 줄 모르는 나에게 아기 엄마는 말했다.

"그런데 내년에 혁신도시로 이전할 것 같더라고요."

학생 수가 적어서 운영이 어렵다 보니 내린 결정인 듯했다. 많이 아쉬웠다. 집에 가는 길, 노을이 깔리기 시작하는 학교에 들어가 보았다. 내가 본 시골 학교 중 가장 작고 소담한 학교. 그래서 더욱 더 마음에 쏙 드는 학교. "아, 너무 예쁘다!"를 연발하며 천천히 운동장을 걸었다. 가장 초라한 계절인 겨울에도 이 정도면, 여러 색으로 뒤덮이는 봄, 여름, 가을에는 진짜 멋진 풍경일 거다.

학교 앞에 그려져 있는 횡단보도는 겨우 다섯줄이었다. 그게 귀여워서 사진을 찍었다. 어릴 적에나 있었던 낮은 나무 벤치 사진도 담아왔다. 보고 싶으면 보고야 마는 마술은 이미 시작되었다.

'자동차'나 '학교'와 같은 일에는 주문서를 넣지 않았다. 당장 중요하거나 급한 일이 아니기 때문이다. 그런데도 '폭스바겐 제타 법칙'은 작동되었다. 하지만 명확한 의도를 가지고 적극적으로 도움을 요청해야 할 때도 있다. 나의 힘만으로는 도무지 결정을 할 수 없을 때, 나보다 더 큰 존재의 도움이 필요할 때 주문서는 발효된다. 스트링 아트 홈클래스와 창직 강의 중 어떤 길을 가야 하나 고민했을 때, 다음 날 내게 창직 프로젝트가 맡겨졌다. 강의 말고 작가로 살 수 있는지 물었을 때는 목소리가 나오지 않는 방식으로 답을 받았다.

삶의 흐름이 춤추는 대로

부에 대한 공부를 하다가 "돈에 대한 부정적인 인식이 있으면 그것을 털어내야 한다"는 문장을 보았다. 하지만 부정적인 인식이 정확히 무얼 말하는 것인지, 그 책에는 자세히 나와 있지 않았다. 안 그래도 돈에 대한 관념을 바꾸기로 마음먹은 때라 '부정적인 인식'이 무엇인지 너무나 궁금했다. 궁금한 걸 넘어서서 불안해졌다. 그걸 확실히 알지 못하면 나도 모르게 형성된 돈에 대한 고정관념을 털지 못할 것 같았다. 하지만 그날은 결국 답을 얻지 못했다.

다음 날, 도서관에 반납할 책을 정리하고 있는데 빌린 5권 중, 아직 읽지 않은 책도 있었고, 읽다가 만 책도 있었다. 『부와 행복의 법칙』이 조금 읽다가 덮은 책이었다. 그 책을 생각 없이 딱 펼쳤는데, 맙소사! 삶은 내 요구를 알아채고 또다시 답을 내 눈 앞에 놔둔 것이다. 정확하게 적혀 있었다. '돈의 흐름을 가로막는 5가지 감정', 즉 걱정, 죄책감, 원망, 오만함, 부정적인 감정이었다.

여기까지 읽었다면 접수된 주문서에 대한 답이 다양한 형태로 온다는 뜻을 이해했을 것이다. 내게 일어난 일들은 결코 우연이 아니다. 짜 맞추기 식의 합리화도 아니다. 다양한 정보 속에서 삶이 보낸 답장을 한눈에 알아차릴 수 있다. 주문서의 주인이기 때문이다. 그저 이 말 말고는 설명할 길이 없다.

"내게 답을 보여 주세요. 힌트도 안 돼요. 그냥 정확한 답을 주세요."

삶에게 주문서를 넣어 보자. 우주 우체통은 누구에게나 열려 있으니 말이다.

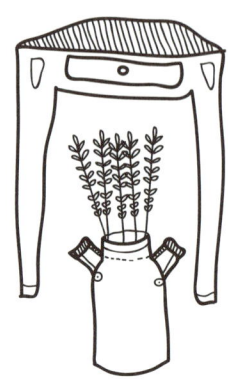

내면의 등불이
주파수 역할을 한다

　　　　　　친구들과 추억 여행을 갑작스레 떠났다. 카톡 안에
서의 수다인데도 친구들 목소리와 말투가 생생하게 귓가에 들리는
듯하다. 서툴렀던 지난날을 들추며 한참을 깔깔거렸다. 어떤 친구가
그런다.

　"시현이 진짜 생뚱맞았던 때는 꽃송이버섯 팔던 일이었어."

　퇴사 후 잠깐 효소 세일즈를 했던 그때를 말하는 것이다. 곧잘 한
건 알지만 나와 어울리지는 않았다고 한다.

　할 수 있는 일, 하고 싶은 일, 해야 하는 일, 이 세 가지 사이의 딜레
마, 우리는 어떤 선택을 해야 하는 걸까? 혹자는 말한다. 할 수 있는
일을 하면서 기반을 마련한 다음, 하고 싶은 일을 하라고. 또 어떤 이
는 말한다. 하고 싶은 일을 하다 보면 자연스레 돈과 성공이 따라붙는

다고. 정답은 없다. 사실 가장 좋은 건, 할 수 있는 일과 하고 싶은 일이 일치하는 것일 테다.

건강식품 세일즈, 그것은 확실히 할 수 있는 일과 하고 싶은 일의 일치는 아니었다. 그 불일치가 허무주의에 휩싸이게 한 주요인이었다. 하지만 그 시절, 가격표를 보지 않고 무언가 선택했던 경험은 아주 중요한 유전자이다. 통장에 얼마가 들어 있는지 체크하지 않는 소비 여력, 나는 '그것을 가져 보았다.'

어떠한 상황에서 긍정적인 감정을 느끼면 순간 그 감정을 기억해야 한다. 언제든지 떠올릴 수 있게. 그 감정을 의식적으로 자주 불러일으키면 실제로 그러한 사람이 된다고 한다. 나는 내 감정이 고조되는 장치를 만들 수 있다. 몇 년 전 꽃송이버섯 농장에 가는 길이었다. 맑은 하늘에 따뜻한 햇살이 쏟아지는 3, 4월경이었다. 차에는 언제나 김광석 CD가 있었다. 콧노래를 흥얼거리며 운전해서 가는데, 갑자기 이 순간이 너무 즐겁고 행복하다는 감정이 확 몰려왔다. 그때 흘러나온 노래는 '바람이 불어오는 곳.' 이후 '바람이 불어오는 곳'을 들을 때면 그때 감정으로 되돌아간다. 음악이 감정을 소환하는 셈이다.

성공과 성취도 마찬가지다. 작은 성취라도 그 느낌을 간직하고, 그것이 되풀이 될수록 진짜가 된다고 믿는다. 대학교에서 코칭을 하는 유 강사가 이런 말을 한 적이 있다. 비행기를 타 본 학생과 타보지 않은 학생 간의 차이는 미래를 판가름할 정도로 의식의 차이로 연결된다고. 비행기를 한 번이라도 타 본 학생은, 본인이 마음만 먹으면 언제든지 나갈 수 있다는 걸 안다. 단 한 번도 비행기를 타 보지 않은 학생은 본인이 다른 나라에 갈 수 있다는 생각조차 하지 못한다. '가능성의 인식' 차이는 두 사람의 삶의 방향을 바꾸어 놓을 것이다. 경험은 단순히 '해봤기' 때문에 중요한 것이 아니다. 할 수 있다는 '가능성'을 알기 때문에 중요한 것이다.

'할 수 있는 일'이 있다는 것은 참 고맙다. 삶이 내게 직접 준 일이기 때문이다. 동시에 우리는 '하고 싶은 일'에 대한 열망 역시 가지고 있기도 하다. 할 수 있는 일은 당장에 생활의 안정을 주지만, 하고 싶은 일은 대개 그러지 못한다. 집안 어른의 경제 상황 때문에 고민이 많을 때 나 역시 다시 생활 일선으로 나가려고 했다. 글 쓰며 앉아 있는 것이 가당치 않게 느껴져서이다. 그때 신랑은 내게 말했다.

"남의 걸 팔아줄 생각 말고 당신 걸 팔아."

시간이 걸리더라도 나 자신을 믿고 쭉 나아가 보라는 말이었다. 그렇게 또 내면의 등불을 켠 채 좁은 오솔길을 걷는다. 얼마 전 강의실에서 학생들에게 한 말이 거꾸로 내게 와서 꽂힌 적이 있다.

"어떤 걸 팔까 생각하지 말고, 어떤 걸 알려줄 수 있을까를 생각하세요."

학생들에게 해주고 싶은 말이 아니라, 어쩌면 내가 듣고 싶은 말이었는지 모른다.

내면의 등불은
오로지 경험을 통해 발견할 수 있다

강의가 끝나고 오래된 친구를 만났다. 27년 지기니 서로의 일생을 다 알고 있다 해도 과언이 아니다. 책 두 권이 올해 안에 나올 것 같다는 내 말을 듣더니 친구는 묻는다.

"책으로 먹고 살 수 있나?"

순간 말문이 막혔다. 먹고 사는 문제에 대해서는 깊이 생각해 본 적이 없었다. 먹고 살 거였으면 어디든 재취업을 했을 터였다. 물론 책으로도 먹고 살 수 있다. 베스트셀러 작가가 되면 그 문제는 확실히 해결된다. 하지만 나는 책 쓰기를 '평생에 걸쳐 해야 할 일'로 정의하고 있었다. 돈을 많이 벌면 좋겠지만 그건 삶의 영역이다. 나의 영역은 평생 글을 쓰는 것, 그것뿐이다.

떨떠름한 내 대답에 친구는 나름 조언을 해준다. 나와 생각이 많이 다르다. 반발심이 들 법한데 의외로 마음이 고요하다. 예전 같았으면 상대를 수긍 혹은 굴복시키기 위한 자존심이 깊은 곳에서 치고 올라왔을 텐데 말이다. 그리고 나의 의견을 강력하게 피력했을 것이다. 친구는 부동산 소장이다. 친구의 모든 신경은 부동산에 쏠려 있다. 세상을 보는 시각이 나와 다를 수밖에 없다. 친구는 친구의 세상에서 친구의 방식으로 나를 생각해 주는 것뿐이다. 거기다 대고 "네가 뭘 알아?"라고 할 필요가 없는 것이다.

내면의 등불을 따라가다 보니 일어난 변화이다. 타인이 나의 길에 우려를 표할 때 내가 옳다는 것을 증명하기 위해 안간힘을 쓸 때가 있다. 나의 체면과 자존심이 걸려 있다고 생각하기 때문이다. 하지만 외부의 자극이 가해질 때야말로 답을 알 수 있는 기회다. 남의 의견을 들을 땐 의연한 척 하지만, 실상 마음이 흔들리거나 머릿속이 시끄럽다면 이건 무슨 뜻일까?

사랑을 할 때 상대방으로 인해 생각이 많아진다면 좋은 사랑이 아니다. 내게 옳은 길은 내 마음을 편안하게 해준다. 차를 타고 고속도로를 다니다 보면 라디오가 지지직거릴 때가 있다. 주파수가 맞지 않을 때이다. 우리에게는 내면의 등불이 주파수 역할을 한다.

내면의 등불은 오로지 경험을 통해 발견할 수 있다. 많이 보고 많이 듣고 많이 느끼는 것이 직접 경험이라면, 독서는 간접 경험이다. 친구가 가지고 있던 책을 우연히 읽은 적이 있다. 한 도시락 업체의 '공정 서비스 공지 안내'가 화제가 된 적이 있다. 직원이 고객에게 무례한 행동을 했다면 직원을 내보내겠지만, 고객이 직원에게 무례한 행동을 하면 그 고객을 내보내겠다는 공지문이었다. 고객 갑질로 인해 피멍이 든 대한민국에 잔잔한 감동을 준 기업주인 김승호 회장의 책에 있는 이야기다.

한 대형 마트도 매장 내 대고객 선언문을 부착했다. 폭언과 욕설을 일삼는 고객과 상담을 거부키로 했다는 내용이다. 한 카드 회사에서도 악성 고객에게 세 번의 경고 끝에 그냥 전화를 끊도록 하는 매뉴

얼을 만들었다. 블랙 컨슈머로부터 자사 직원을 보호하겠다는 매뉴얼이다. 김승호 회장의 책을 읽으며 '윤리 CS'라는 개념이 문득 떠올랐다. CS라고 불리는 고객 서비스 마인드는 '고객이 왕이다'라는 잘못된 인식에서 비롯된 것이다. 왕이 있으면 당연히 시중을 드는 신하가 존재한다. 고객이 왕이면 신하는 누구의 역할이란 것인가? 기업? CEO? 모든 부당한 대우는 일선에 있는 직원들이 고스란히 당한다. 직원이기 이전에 그들도 소비자이자 고객인데 말이다. CS는 대한민국을 과잉 친절 사회로 만들었다.

내면의 등불은
흔들리거나 꺼지지 않는다

우연히 한 CS 강사의 블로그를 보았다. 경주에서 강의를 끝내고 신경주역으로 가는 버스 안에서 일어난 일을 기록한 글이었다. 버스 시간표가 잘못 되었는지 한 중년 여성이 한참을 기다렸다가 해당 버스를 탔나 보다. 버스 운행 내내 기사 아저씨에게 불평을 해댔다고 한다. 듣다듣다 참지 못한 기사 아저씨는 결국 아주머니에게 한마디 했다.

"아침부터 종일 운전하는 사람에게 그래 뭐라 하지 마소."

아줌마는 그때부터 입을 다물었단다. 그 CS 강사는 이 일을 이렇게 마무리했다.

"많이 기다리셔서 힘드셨지요? 죄송합니다."

이런 한마디면 되었을 일이라고. 이 버스 회사도 본인에게 CS 교육을 받아야겠다고.

물론 이 응대는 모범 답안이다. 하지만 그 안의 인간사는 쏙 빠져 있다. 기사 아저씨의 다듬어지지 않은 거친 대답에 아주머니는 조용해졌다. 어쨌거나 수긍을 했다는 것이다. 수긍이란 무엇인가? 공감과 이해가 되었다는 뜻이다. 적절하게 대처하는 것은 필요하지만, 모범 답안을 외워야 하면서까지 운전을 해야 할까? 밥집의 본질은 맛이고, 운전의 본질은 안전 운행이다. 필요한 것은 무조건의 사과가 아니다. 상품과 서비스를 교환하는 동등한 입장에서 '윤리' CS가 이루어져야 한다는 생각이 들었다.

이런 생각은 책을 통해 발현된다. 가볍게 읽었던 뉴스 기사, 블로그 글, 이 모든 것은 간접 경험이다. 산재해 있던 간접 경험이 책이라는 요소를 통해 한데 모인다. 나만의 또 다른 경험이 만들어지는 순간이다. 부분의 합이 전체보다 크다는 법칙은 여기에도 적용된다. 이런 과정에서 영혼이 끌리는 일이 분명 있다. 그것이 내면의 등불이 안내하는 길이다. 순간 떠오른 '윤리 CS'를 발전시켜 보고 싶다는 열망이 끓어오르면, 그것이 내 길이 될 터이다. 수천 권의 책 중 내 삶을 바꾼 한 권의 책인 『될 일은 된다』 역시 그런 선상이다.

내면의 등불은 흔들리거나 꺼지지 않는다. 고요하고 조용한 곳이기 때문이다. 절대적인 믿음이 그곳에 있다. 부와 명예보다 일찍이 거기 있던 것, 그것을 찾을 수 있는 존재는 오로지 나 자신이다. 한때 '영감을 주는 사람'이 나의 꿈이었던 때가 있다. '선한 영향력을 끼치고 싶다'는 바람은 어쩌면 오만한 발언일지도 모른다. 사람은 오로지 자기 자신에 의해 움직이는 존재이기 때문이다. "엇, 나 영감 받을래", "마음을 움직여야겠어" 따위의 선택을 할 수도 없다. 한순간 훅 들어오는 어떠한 느낌이다. 오직 그 사람의 내면에 의해서만 가능한 일이다. 우리는 저마다 다른 등불을 가지고 있고, 그 등불을 켤 수 있는 유일한 존재는 오로지 나다. 나의 내면이 편안해지는 일, 나의 삶과 주파수가 맞는 일은 과연 무엇인가?

나로부터 비롯되는
삶을 살아야 한다

아이가 조금씩 말을 하기 시작한다. 32개월인 아들은 한 단어로 대화 아닌 대화를 하곤 했다. 또래 여자 아이들은 이미 문장으로 말을 한 지 오래다. 여자아이보다 남자아이들이 뭐든 늦다는 속설은 맞는 것도 같다. 아들과 같은 반 친구를 어린이집 앞에서 만났다. 남자아이가 종알거리는 모습이 귀여워서 그 아이 엄마에게 말을 붙였다.

"말을 좀 하나 봐요? 우리 아이는 아직 말을 잘 못해요."

"네, 이번 달 들어오니까 입을 떼더라고요. 워낙 말이 늦어서 언어 치료를 받아야 하나 고민까지 했어요."

언어 치료라는 말에 내가 적잖이 놀라자 그 엄마는 겸연쩍은 듯 웃는다. 아직 세 돌도 안 된 아이가 말이 서툰 건 당연한 것 아닌가? 내가 육아에 있어서 특별히 무딘 편인지 모르겠다. 여태껏 단 한번도 아이의 속도에 대해 걱정한 적이 없다. 돌이 지나도록 걷지 못해도 '언젠간 걷겠지', 기저귀 떼는 것에 있어서도 '때가 되면 떼겠지' 했다. 그러다 보니 비슷한 월령에 있는 다른 아이의 성장에 맞춰서 재촉하거나 연습시킨 적이 없다. 하지만 아이는 걷고, 뛰고, 스스로 먹고, 그릇을 치우고, 화장실에 가고, 말을 한다. 내버려 두어도 알아서 크는 것이 신의 섭리라고 할 수밖에 없다.

아이의 행동이나 말버릇은 양육자의 영향을 고스란히 받는다. 내가 기침을 해대면 걱정스러운 표정으로 물을 가져다준다. 혼자 전화기를 들고 통화하는 척을 하면서 "아-, 아-"하고 추임새를 넣는다. 엄마, 아빠가 주방에서 함께 음식 준비하는 것을 보고 자랐으니 아이도 숟가락이나 그릇 놓는 것을 돕는다. 일상에서의 습관이나 행동은 부모로부터 비롯된 것이다. 하지만 아이의 단계별 성장은 부모로부터 벗어난 영역이다. 어느 누구도 통제 혹은 재촉할 수 없는 자연의 이치다.

4월 초, 부산행 기차 안에서 창밖을 보니 개나리가 피었다. 부산역에 내려서 강의 장소까지 가는 길엔 벌써부터 벚꽃이 만발하다. 예상치 못한 풍경에 당황스럽기까지 하다. 충북은 꽃봉오리도 피지 않았는데 말이다. 얇은 버버리 코트 하나 걸치고 갔을 뿐인데 땀이 난다. 여기저기 봄 사진을 보내니 다들 한결 같은 반응이다.

"부산엔 벌써 꽃이 폈어요?"

조그만 땅덩어리에도 '따뜻한 남쪽 나라'라고 불리는 연유가 있다.

같은 반도에 심어진 똑같은 종류의 꽃나무라도 만개하는 때가 다르다. 하물며 다른 꽃나무들이 피는 시기가 다른 것은 너무나 당연한 일이다. 부산 벚꽃이 피었는데 서울 벚꽃 너는 뭐하고 있느냐고 아무도 닦달하지 않는다. 때를 알기 때문이다.

미물인 꽃에 베푸는 넓은 아량과 관용이 우리에게도 적용되길 바란다. 작물도 수확하는 시기가 다른데, 왜 그보다 고등한 인간은 '한 뭉텅이'로 취급받는 것일까? 만 7세가 되면 우르르 초등학교에 입학하고, 만 19세가 되면 대학에 들어가며, 만 30세가 되기 전에 결혼해야 하고, 만 35세 전에 아이를 낳아야 하며, 만 40세 전에 내 집 마련을 해야 하는 일정표. 효율을 강조하기에는 너무나 획일화된 '사육'이다. 전 국민 모두가 같은 스케줄에 맞춰 살아간다는 게 새삼 낯설고 아이러니컬하다.

인간의 모든 욕구는 원래 주어진 본성이다

요즘 정형화된 사회적 시스템에 의문과 회의를 품고 자신만의 삶을 꾸려가는 사람이 늘어나고 있다. 아이를 학교에 보내지 않고 자연 속에서 배우게 하거나, 온 가족이 캠핑카에서 먹고 자며 전국을 돌아다니기도 한다. "모든 생명 중 본인이 살 집을 직접 짓지 않는 존재는 사람뿐이다"라며 내 손으로 집을 짓는 사람도 심심찮게 보인다. 사회의 관습에서 벗어나 본인 속도와 리듬대로 사는 사람들을 보며 대리 만족을 얻는다. 그들이야말로 나로부터 비롯된 삶을 사는 동시에 나로부터 벗어난 삶을 사는 분들이다.

나는 이만한 '모험'을 할 정도의 용기가 없다. 제도 속에 살면서 자그마한 모험을 시도할 뿐이다. 그것은 내 삶 속에서 이루어진다. 바로 '라이프 플로위스트(Life Flowist)'로 사는 것, 이 삶의 방식이 나에겐 일종의 모험이다.

삶의 큰 흐름 속에서 자유로운 선택을 하는 것은 '나로부터 비롯되는' 삶이다. 다양한 선택 속에서 삶의 흐름을 믿는 것은 '나로부터 벗어난' 삶이다. 확실한 것은 세상에서 큰 업적을 이룬 사람은 '삶의 비밀'을 알고 있는 자들이라는 것이다. 삶의 비밀은 결국 한 가지다. 이것을 정립하는 과정에서 각자 경험치가 다르기 때문에 우주의 법칙, 생각의 힘, 에너지의 장, 시크릿, 왓칭, 호오포노포노 등으로 불릴 뿐이다.

나는 개인의 바람을 기도하기보다는, 우주의 큰 흐름을 믿고 내맡기면 부와 성공이 더 빨리 이루어진다고 주장한다. 그런데 다양한 명칭과 방법들 중에서도 한 가지 공통점이 있다. 바로 '풍요'로 귀결된다는 것이다. 모두에게 나눠줄 수 있을 만큼 우주는 풍요롭고, 삶은 우리에게 그것을 주고 싶어 한다. 이 명제를 오롯이 믿는 것만으로도 의식의 확장이 가능하다.

어떤 이들은 명상을 하거나 진리를 탐구하는 자는 부유함과 거리가 멀다고 생각한다. 오두막집에 살아야 하거나 절제하고 검소한 생활이 필수라고 느낀다. 하지만 이는 오해다. 인간의 모든 욕구는 원래 주어진 것이며 그것은 본성이다. 이를 죄악시하는 것은 사회적 학습, 무의식의 침투, 유년 시절의 기억 등과 관련이 있다. 종교와 철학에 상관없이 많은 CEO들이 명상을 중시하는 이유가 있다. 명상을 하면 우주와 공명이 이루어지기 때문이다.

우주는 풍요를 좋아하지, 가난을 좋아하지 않는다. 풍족해야만 타인을 돕는 방법도 다양할 것이 아닌가. 명상을 하지 않는 나조차 삶의 흐름을 탔다는 이유만으로 상상 이상의 혜택을 얻고 있다. 명상을 하면 그 속도와 규모가 더 커질 것은 자명한 일이다. 내가 만약 명상을 해야 한다면, 그러한 계기를 분명 삶이 준비해줄 것이라 믿는다. 나는 그저 그때를 기다릴 뿐이다.

나는 명상가도, 철학가도, 수행자도, 수련가도 아니다. 대한민국에 살고 있는 평범한 34살 아내이자 엄마다. 이런 내게 엄청난 일이 벌어진 것에 깊이 감사한다. 가끔 나는 생각한다.

'전생에 좋은 일을 많이 했나 봐.'

나로부터 비롯한 그리고 나로부터 벗어난 '플로위스트(Flowist)'로서의 삶을 기대한다.

"감사합니다, 사랑합니다."

이것이 마법의 언어임을 기억하면서.

Epilogue
'방법은
생각하지 마라'

"무슨 철학자 같아, 너."

흐름에 내맡기는 삶에 대해 한창 열을 내며 말하던 나는 친구의 이 한마디에 조용해졌다. 철학자라니 가당치도 않다. 아마도 이런 이야기가 생소하게 다가오는데 따른 표현일 것이다.

"그치? 어떡해, 나 철학자 될 건가 봐."

너스레를 떨며 넘겼다. 내 이야기를 오해하면 어떡하지, 스스로 염려하던 부분이 있었던 건 사실이다. 그런데 막상 타인의 입을 통해 '철학자'라는 말을 들으니 좀 미안해졌다. '공자님 말씀'을 한 것 같은 느낌이랄까.

또 한 친구와는 이런 일도 있었다. 방송국 PD인 친구는 사업을 하고 싶어서 사표를 냈다고 한다. 하지만 회사에서는 사표를 수리하지 않고 계속하여 친구의 퇴사를 만류했다. 하지만 이미 사업 파트너와 콘텐츠가 준비된 상황이었기 때문에 친구의 의사는 단호했다. 한 달여의 줄다리기 끝에 결국 회사는 사표를 수리했다. 그런데 바로 다음

날, 친구의 사업 계획은 완전히 '엎어졌다!'

친구의 이야기를 듣는데 '도트 커넥션이다!'라는 생각이 머리를 스쳐 지나갔다. 계획은 물거품이 되고, 돌아갈 곳도 없는 극한의 상황에 내몰린 이유가 분명히 있을 거란 말이다. 삶이 준 기회이니, 흐름에 맡겨 보라는 말을 해주고 싶었다. 그런데 우주 제1법칙인 삶의 흐름에 대해 이야기하려는데 도대체 어디서부터 시작해야 될지 막막한 것이다. 다짜고짜 "삶에게 소원을 접수해 봐, 답이 도착할 거야"라고 말하면 친구는 과연 받아들일 수 있을까? "네 이야기를 들으니 너한테 꼭 해주고 싶은 말이 있어"라고 분위기 잡은 덕에 친구는 다음 말을 기다리고 있었다. 곤혹스런 표정으로 "음, 믿음에 관한 이야긴데, 음……" 적당한 첫 단어를 찾고 있으려니 친구는 내게 물어 본다.

"사이비냐?"

이 우연한 사건을 계기로 내 언어로 한번 정리해야겠다는 생각을 했다. 이 책은 그렇게 쓰였다. 마이클 A. 싱어 말을 빌리자면, 이 책은 내가 쓴 게 아니다. 삶이 쓴 것이다. 나는 그저 삶이 준 사건을 정리했을 뿐이다. 다시 한번 강조하지만 '흐름'은 철학도, 종교도 아니다. 공기처럼 아주 자연스러운 현상이다. 다만 눈에 보이지 않기 때문에 거기 있는데도 대개 모를 뿐이다.

TV 채널을 예로 들어 볼까? 우리는 TV를 켜고, 보고 싶은 채널을 맞춘다. 채널을 돌리는 동안에도 다른 채널은 '존재한다.' 내가 영화 채널을 보고 있다고 다른 채널이 없는 건 아니다. 다른 채널도 여전히 거기 '있다.' TV를 끈다고 해서 채널이 사라지는 것도 아니다. 여전히 거기 있다. 삶의 거대한 에너지 역시 마찬가지다. 내가 우주 안테나를 세우지 않아도 그 에너지는 거기 있다. 에너지의 '거기 있음'을 아는 사람들은 주파수를 맞추고 마음껏 채널을 이용한다.

삶의 큰 흐름 내의 선택은 오히려 자유를 준다

싱가포르는 주택개발청이 주택 공급의 약 85%를 담당하여 국민이 마음 놓고 집 걱정 없이 살 수 있게 한다. 더 좋고 큰 집에서 살고 싶은 사람들이 자기 집을 마련하는 정도라고 한다. 노후된 주택에 대해서는 리모델링을 해주기도 하고. 인간에게 주거가 해결된다는 것은 어떤 의미일까? 선택이라는 권리를 박탈당한 것일까, 아니면 기본 생존권이 보장된 것일까? 국가의 주택 공급은 적어도 집 문제로부터 자유로워 보인다. 아웃라인이 있어 그 안에서 자유의지로 수많은 선택을 할 수 있는 가능성이 높아진다.

삶의 흐름도 비슷하다. 삶의 큰 흐름 내의 선택은 오히려 자유를 준다. 삶은 언제나 나보다 더 큰 그림을 그리고 있고, 가장 좋은 것을 준다는 믿음은 선택에 있어서 두려움을 없애 준다. '좋은 점, 나쁜 점'을 종이에 적어가며 저울질을 아무리 해보아도 삶의 거대한 흐름에는 이길 수 없다.

물처럼 흐르고 있는 거대한 에너지를 상상해 보자. 흘러가는 에너지 안에서 우리는 수영을 하고 있다. 흐르는 대로 몸을 맡기면 애쓰지 않아도 우리는 움직인다. 주변 풍경도 구경하고, 아름다운 하늘을 바라볼 수도 있다. 맛있는 열매가 있으면 따다 먹기도 한다. 그러다가 마음에 드는 곳이 있으면 잠깐 그곳에서 머물러도 된다. 모든 것은 순조롭고 자연스럽다.

그런데 이 흐름과 반대로 거슬러 헤엄치는 사람들이 있다. 쏟아져 내려오는 흐름과 싸우느라 자신의 에너지를 온통 쓰고 있고, 눈은 한곳에 고정되어 있다. 거슬러 올라가려는 이유는 저마다 다양할 것이다. 상류에 더 좋은 것이 있다고 믿거나, 물살을 이겨내고 싶은 도전 정신이거나, 다수가 가는 길이니까 그저 따라갈 뿐 등의 이유이겠지. 하지만 그 목적이 무엇이든지간에 그들은 곧 잊어버리고 만다. 신경은 온통 헤엄치는 것에만 집중될 테니까. 떠밀려 내려가지 않기 위해서는 하루 종일 팔과 다리를 움직여야 한다.

세상은 말한다. 삶은 도전하는 것이라고. 마음껏 도전하라고.
세상이 말하는 도전은 세상에 대한 도전을 뜻한다. 내 세상, 그리고 이 세상.

그런데 나는 '삶에 내맡기기' 자체가 도전이라는 생각을 한다.

어렸을 때부터 들어오던 목표와 계획의 실효성에 의구심을 갖는 것,

그저 흘러가는 대로 살아보는 것,

상상하지 못한 방향으로 흘러가는 것을 지켜보는 것,

그 과정에서 온전히 받아들이고 감사하는 것,

이 모두가 도전이다.

한번도 살아보지 않았던 삶의 형태이니까.

우연히.

어쩌다 보니.

나도 모르게.

삶은 사랑꾼이다

나는 어제도 삶의 선물을 받았다. 단골 카페 사장님에게 문자가 왔다.

'괜찮은 시골집이 하나 나와 있네.'

나와 카페 사장님은 시골집을 활용한 작은 공동체를 만드는 꿈이

있다. 집이 궁금했지만 원고를 쓰던 중이라 리듬을 깨고 싶지 않았다.

'다음 주에 같이 가요'라고 문자를 찍는데 '지금 전화를 해'라는 울림

이 느껴졌다. 전화를 받은 사장님은 당황한 듯 "갑자기 전화를 다하고

그래?" 하신다. 사장님은 말을 잇는다.

"오늘따라 이상하게 정보지가 보고 싶은 거야. 구해 와서 보는데, 진천에 시골집이 하나 나왔어."

원고를 접고 바로 달려갔다. '오늘따라 이상하게' 힘을 믿었기 때문이다.

보탑사 가는 길에 위치한 시골집은 작았다. 아담한 마당을 가로질러 집 안으로 들어간 우리는 연신 소리를 질러댔다. 비밀의 집처럼 여기저기 방과 작은 공간이 숨어 있는 거다. 거주하기에는 불편한 구조이지만, 문화 복합 공간으로 활용하기에는 더없이 좋았다. 게다가 집 옆에는 거대한 빈 공간도 있었는데 벽돌로 만든 축사였다. 잘 정비하면 동네 책방, 강연장, 파티 공간 등으로 활용하기에 안성맞춤이었다. 100평이 넘는 텃밭도 달려 있었다. 그야말로 '숨어 있기 좋은 집'이었다.

이 집이 과연 우리의 것이 될 수 있을까? 집에도 인연이 있다고 하니 기다려 보면 알겠지. 이 인연은 삶이 주는 것이고, 나는 흘러가는 대로 지켜보기만 할 뿐이다. 이 집과 인연이 되면 좋겠지만 안 돼도 괜찮다.

"더 좋은 것을 주시려는 거죠? 감사합니다, 사랑합니다."

또다시 나는 맡길 테니까.

삶은 사랑꾼이다. '거기 있음'을 믿기 시작하면 삶은 기뻐서 어쩔 줄 몰라 한다.

삶은 이벤트쟁이다. 생각지도 못한 선물을 불쑥 들이민다.

보여주고 싶고, 해주고 싶은 마음이 온전히 느껴진다.

많은 영성 서적들이 말하는 바를 이제 조금 알 것 같다. 그중에서도 '방법은 생각하지 마라'는 말이 마음 속 깊이 다가온다.

"진짜 목표가 없어요?"

믿을 수 없다는 듯 내게 물었던 그녀가 생각난다.

딱 일주일만 '삶의 흐름에 내맡기기' 실험에 동참해 보라.

아귀가 딱딱 맞아떨어지고, 우연히 일이 해결되었을 때의 그 감정을 기억하자.

신호등이 내 앞에서 초록불로 바뀌었을 때도 좋고, 마지막 남은 세일 상품을 내가 가졌을 때도 좋다. 아무런 사건이나 사고 없이 잠자리에 들 때는 완벽한 상황이다. 그럴 때마다 "감사합니다, 사랑합니다"를 속삭여 보자. 정말로 감사한 마음이 들지 않아도 괜찮다. 그렇게 일주일만 지내 보자.

그 후의 이야기는 나와 따로 나누었으면 한다.

"흐름 속의 삶, 삶 속의 흐름(Life in flow, Flow in life)을 느껴라!"

흐름 속의 삶,
삶 속의 흐름(Life in flow, Flow in life)을
느껴라!

삶의 흐름이 춤추는 대로

초 판 1쇄 인쇄 | 2017년 6월 2일 • 초 판 1쇄 발행 | 2017년 6월 12일

지은이 | 박시현 • 펴낸이 | 조선우 • 펴낸곳 | 책읽는귀족

등록 | 2012년 2월 17일 제396-2012-000041호

주소 | 경기도 고양시 일산동구 장백로 19(백석동, 더루벤스카운티 901호)

전화 | 031-908-6907 • 팩스 | 031-908-6908

홈페이지 | www.noblewithbooks.com • E-mail | idea444@naver.com

출판 기획 | 조선우 • 책임 편집 | 조선우

표지 & 본문 디자인 | twoesdesign

값 16,000원

ISBN 978-89-97863-77-8 (03210)

이 도서의 국립중앙도서관 출판예정도서목록(CIP)은
서지정보유통지원시스템 홈페이지(http://seoji.nl.go.kr)와
국가자료공동목록시스템(http://www.nl.go.kr/kolisnet)에서
이용하실 수 있습니다.
(CIP제어번호: CIP2017012246)